Asian video journalists

アジアの ビデオジャーナリストたち

アジアプレス・
インターナショナル 編

はる書房

解説

ビデオジャーナリズムのたしかな潮流

アジアプレス・大阪オフィス代表
石丸次郎

ビデオジャーナリスト（ＶＪ）という言葉が、ここ数年の間に、随分世の中に浸透したと思う。ＶＪを養成しようという講座も、各地で開催されるようになった。中にはコンピューター編集システムの機材まで準備し年間の学費が一〇〇万円近くもする「本格派」のＶＪスクールも出現している。そのような講座や学校に講師として呼ばれる機会が増えて感じるのは、ビデオを使って映像表現したいという人が急速に増えていることと、その熱気と意欲の高いことである。

一方でビデオジャーナリストという呼称が、私たち現役のＶＪが考えているのとは、まったく別の概念で使われている現実に懸念を覚えることも多い。一部の放送局に、「安価に使える外部の契約映像記者」という概念で、〈ＶＪ〉（括弧つき）を育てようという考え方がある。これは外注費を安く抑えることが発想の根底にあり、搾取と独占という現在の日本の放送システムを補完しようとするものでしかない。そのような潮流は、私たちの考えるビデオジャーナリズムとは根本的に違う。

本書を紐解いた読者の皆さんに、まず確認しておきたい。ＶＪは、小型ビデオを操るビデオカメラパーソンを言うのではない。取材の道具、表現の武器としてビデオを駆使するジャーナリストのことをいうのである。私たちの考えるビデオジャーナリズムは、国家や特権的メディア資本によって、ほぼ独占されてきた映像ジャーナリズムの分野に、映像表現を志す人が参加できるよう開放を促すムーヴメントである。

これまで、国家と特権的メディア資本（＝つまるところ放送局）による、映像ジャーナリズム独占を甘受せざるをえなかったのは、映像表現があまりに金のかかる分野だったからだ。カメラをはじめ機材、フィルムが非常に高価で、扱いも難しく、個人でなかなか太刀打ちできなかった（８ミリや16ミリのフィルムによる秀作はたくさんあるが、基本的にはそれすら一般の個人に手におえるものではなかった）。テレビ放送がビデオ全盛になっても、カメラ一台が数百万から一千万円、それに照明、音声さらに編集機器まで莫大な金がかかることに変わりはなかった。映像ジャーナリズムは、きわめて限定的、特権的な人々に独占された分野であるしかなかったのだ。

そんな映像ジャーナリズムの分野に、市民、独立ジャーナリストが参戦できるようになったのは、安価で高性能、操作方法も簡便な小型ビデオカメラの出現によるところが大きい。これは、かつて、写真機が極めて高価で大きく、扱いも困難だった時代から、35ミリフォーマットの一眼レフが誕生してカメラが大衆化するのにともない、フォトジャーナリズムが全盛を迎えたことと相似している。今では民生用デジタルビデオで撮影したものであっても、記録されている映像に価値があれば、放送することに躊躇はなくなりつつある。テレビ報道の分野に、個人が参戦できるようになるなど、これまで想像もし得なかったたことなのだ。風穴は確かに開いたのだ。

さあ、考えてみて欲しい。映画誕生百年、テレビが日本に上陸して五〇年、ようやく私たちは映像で自分の言いたいことを表現できるようになったのだ。これは、映像史において革命的な出来事と言ってよいのではないか？　この状況を利用しない手はない。意志さえあれば、誰でも映像作品を作ることができるようになったのだ。

最近では、市民運動グループや労働組合でも、映像表現への挑戦が活発になっている。小型ビデオカメラで制作した良質のドキュメンタリー作品も続々登場している。私たちフリージャーナリストも、伝え記録する道具として、これまでのペンと写真に加え、ビデオカメラという武器を持つようになった。これこそビデオジャーナリストの登場なのである。

自らをジャーナリストではなく映像作家、映画監督と名乗っている人であっても、特権的な国家や資本のくびきから離れ、ビデオを自己表現の武器にしようとする人は、私たちＶＪと同じ潮流に立っているといえる。この潮流は、映像文化を豊かにし、国際性を獲得しうることも指摘しておきたい。

すなわち、放送局、映像専門家ではない人間が映像表現に参加することで、既存の放送システムからは絶対に生まれてこない、より多種多様な映像を世の中に送り出すことができる。また、放送局を通さなくても国境を越えて映像を流通させることが容易になった。例えば、個人制作のビデオドキュメンタリー作品が多くの国の映画祭で上映されるようになったし、国境を越えての共同制作も飛躍的に増えた。

ようやく社会的認知を獲得し始めたビデオジャーナリズム。私たちも手探りしながら、模索しているが、現段階でいくつも悩みを抱えている。

最大の問題は、やはり発表の機会がまだ多くないことだ。取材した映像をより多くの人に見てもらいたいと誰もが考える。すると、テレビというマスメディアを通して発表することを考えなければならない。ところが、現在の日本のテレビは、報道・ドキュメンタリーの枠がどんどん少なくなっている。さらに、テレビには様々な制約が伴う。まずは時間である。通常ニュースの特集枠は長くて一〇分から一五分ほどが限度である。またスポンサーが絡むもの、天皇制などタブーが多い。

このような制約を嫌い、自主上映スタイルを採るVJやドキュメンタリストも多い。だが、自主上映スタイルは自由な制作が可能な反面、多くの人に伝えるということができない。世界の動きは日々刻々変化している。重要で新しい事実を記録したとしても、生ものである情報を、速く多くの人に伝えるためには、制約を覚悟してテレビというメディアを通さなければ腐ってしまうこともある。ジレンマである。

ビデオジャーナリズムの将来に大きな可能性を抱かせるのは、やはりインターネットの急速な発達である。専門家は遅くとも五年後には、日本でも現在のテレビとなんら遜色ない画質の動画が、インターネット上で見られるようになると予測している。自立したインターネット放送局は、まだ実験段階とはいえ試みは世界中で相次いでいる。映像のアウトプットがテレビによって独占されてきた体制は崩れていくだろう。もちろん、良質のコンテンツをどうやって確保していくかという課題はあるが、少なくとも世界に向けて映像を使って発言・発信していくことが、インターネットによって個人にも可能になるのだ。

さて、そんなビデオジャーナリズムのわくわくするような可能性に魅力を感じ、職業としてＶＪの道を歩み始めたのが本書の執筆者たちだ。

学生時代にビデオ取材に関わって以来、直接現場に立つことのエキサイティングな体験を忘れられず、卒業後の進路としてＶＪへの道を選んだ者。四〇になって初めてビデオに触れ、映像表現の楽しさに目覚めた中国人女性。がんじがらめの放送局記者の仕事に嫌気が差し、退職と同時にビデオを持って戦場に赴いた者……。きっかけは様々だが、皆、自分のやりたいテーマに夢中になってビデオを回している。

振り返ると、私自身が、それまで勤めていた会社を辞めてＶＪとしてスタートを切ったのは九三年だった。日本のＶＪの一期生のひとりだといってもいいだろう。

私は八九年から二年半韓国に留学し朝鮮語を学んだ。八〇年代後半の韓国は、民主化闘争が激しく燃え盛っていた。その中心となって社会を揺さぶっていたのは私と同年代の学生たちで、彼らへの共感が私を韓国へと導いた。韓国に住んでみて実感したのは、一番近い国でありながら韓国のことが日本にきちんと伝えられていないことだった。帰国後、報道の仕事に携わろうと考えたのは、韓国で出会い心を動かされた人々や、変化のただ中にある韓国社会のうねりを、日本に伝えたいと思ったからだ。

印刷媒体でいくつかのレポートを発表した後、ビデオ取材のチャンスが巡ってきた。CS衛星放送局朝日ニュースターの「フリーゾーン2000」という番組だった。「フリーゾーン2000」は、テーマに何の制約もなく、自由に撮って好きに編集し、スタジオにも本人が出演して解説するという三〇分の番組だった。企画が通ってから一五、六万円でHi8ビデオカメラを買って、ろくすっぽビデオの撮り方も知らないまま、あたふたと韓国に取材に行ったことを覚えている。

かつて日本の植民地統治下の朝鮮はとてもボクシングが盛んで、一時はアマチュア日本チャンピオンを全階級朝鮮人選手が制覇したこともあった。生存している昔日の名選手を韓国に訪ね、植民地時代の朝鮮の若者にとってボクシングとは、日本とは何だったのかを考える。そんなストーリーだった。

当時の作品（と言うのも恥ずかしい）を今見ると、カメラワークはデタラメだし、取材自体も甘く、赤面するような代物だ。だが、自分のやりたいテーマを映像で取材し、それがとにもかくにも電波に乗って放送されたときの感動と喜びは忘れられない。無名で未熟な自分が、ちゃちなビデオカメラで撮影した作品でも、放送され社会に向かって発言できる……。これは快感であった。「フリーゾーン2000」では、その後も韓国学生運動、在日朝鮮人の教育問題などのリポートを発表するチャンスをもらった。ビデオ取材は本当に面白くて仕方がなかった。人にやらされているのではなく、自分のやりたいテーマを海外に出て取材し、電波に乗せることができるのだ。人間誰しも、世の中に対して言いたいことのひとつやふたつはあるはずだ。ただ、多くの場合、それを表現する手段と方法になかなか出会えない。ジャーナリストを志す者の場合、世に物申したいことがあってこの職業を選んだわけだから、映像という表現手段が新たに目の前に登場したことは、実に嬉しいことであった。会社勤め時代と比べると、収入は半分に減り、仕事は二倍忙しくなった。だが、楽しさとやりがいは、何十倍にもなった。

とにかく、発表できるだけで嬉しいという段階を経ると、次は質を高めたい、もっと多くの人に見てもらいたい、影響力のある番組で発表したいと思うようになる。NHKであれ民放であれ、衛星波より影響力の強い地上波の良い枠での発表を目指すなら、企画の立て方、取材の質、カメラワークを向上させないと、格段に高いハードルは越えられない。放送局がVJと仕事をしようと思うのは、放送局にはなかなか作れないオリジナリティの強い企画、専門性を必要とする取材、インパクトの強い映像がある場合である。

地上波で仕事をして初めて、私も映像取材の厳しさを実感した。まず、映像表現に不可欠な「文法」をマスターすることを指摘された。映像取材は新聞・雑誌の取材と違って、たとえ現地に行っても映像に記録されないと成果はゼロである。〈いつ、どこで、誰が、何を、なぜ、どのように〉という取材の基本の「5W1H」が、原則として映像によって表現されなければならない。

カメラの安定性はもちろん、音声の重要性も指摘を受けた。メジャーな番組で発表しようとするなら、映像取材のプロであるテレビ局、プロダクションと競合するのだから、クリアすべき映像技術のレベルが高いのも当然なのだ。放送局での編集作業で、取材したテープをくそみそに言われたことも一度や二度ではなかった。その時の悔しいやら情けないやらという体験が、今になってとても役に立っている。

また、テレビ局の意向と合わずに衝突したり、なんの後ろ盾もない、フリーという身分がゆえに軽く扱われて悔しい思いをすることもあった。

仕事をさらに、ステップアップさせたいと考えると壁にぶつかるのは、どんな職業でも同じだろう。ただ、私たちＶＪは、誰に強制されたわけでもなく、会社組織の仕事としてやっているわけでもない。自分で選択した道なのだから、壁が目の前に立ちはだかったときに、それを乗り越えられるかどうかは本人の意志次第である。そして、壁を乗り越えたときに、ジャーナリストとして一回り成長し、さらに高いレベルの仕事を目指すことができるのだと思う。であるから、ＶＪは、表現することの喜び、伝え記録することの意義、そして壁に跳ね返されたときの苦悩を、交互に感じながら仕事をすることになる。

本書では、ＶＪとしてとにかく跳んでみた人たちに、表現者としての喜びと悩み、そしてまがりなりにも自立・独立してやっているのだという自負心を、個々の体験に基づいて綴ってもらった。世の中に物言いを付けたい、自己を表現したいと考える人にとって、今の時代は、かつてない可能性に満ちている時代である。自分のテーマで映像表現する可能性と楽しさ、そして苦労を読み取っていただけると幸いだ。

●・●・目次・●・●

第2部◎座談会◆ビデオジャーナリストとしての私

第1部　ビデオジャーナリストへの道

目覚める中国の女性たちとともに

①

馮　文澤

フォン・ウェンズ/中国

中国は一九八〇年代からの改革開放以後、食糧政策が大きく変わり、食糧の価格統制がなくなって自由に値段がつけられるようになった。そのため、私が勤めていた天津《てんしん》市政府の食料管理局は、一九九三年から経営不振に陥った。そして、私は多くの同僚とともに仕事を失った。

結婚してから働きつづけていた私は、突然専業主婦となり、それまでの日常とのギャップに悩まされていた。毎日、時間通りに会社に行き、仕事に生き甲斐を感じていたのが、家事以外にすることもなくなり、空しさが募るばかりだった。突然自分の居場所がなくなったような気がして、しばらくの間、私は絶望のどん底にいた。何をしても元気が湧かず、いつも自分の運命を嘆いていた。母は私を諭し励まして、何もすることがなかったら、学校に通って勉強したらと勧めてくれた。

改革開放後、中国ではたくさんの外資系企業や合弁企業ができていた。私は外国語ができれば再就職には有利だろうと思って、天津外国語大の聴講生コースに入学して、日本語を勉強しはじめた。が、再就職の機会はなかなかめぐってこず、焦りばかりが先走り、毎日が過ぎていった。

私が日本語を勉強しはじめた翌年の夏、日本に留学していた妹が、関西にあるボランティア団体を紹介してくれた。その団体は中国の貧困地域を対象に、貧しくて学校に行けない子供たちの就学援助をしている。そうした援助活動は、中国国内の民間団体も行なっていて、私はテレビや新聞などですでに知っていた。会社勤めをしていたころ、同僚たちと一緒に寄付したこともあった。しかし、都会で生まれ育った私には、いったい、貧困地域というのはどんなところで、そこにはどのような人たちが暮らしているのか想像もつかなかった。

私は日本のボランティア団体の訪問団とともに、中国の重点貧困県に指定されている湖南省《こなん》桑植県《そうしょく》を訪れた。現地の教育委員会の案内で学校や農家などを見学した。どの学校も校舎が老朽化して、窓にはガラスがなく、雨漏りするところもある。机や椅子も壊れかけていて、教室の土間には、ぬかるんだ水溜りがあった。先生も生徒たちも、私たちを温かく迎え入れてくれた。子供たちは木の小枝にあざやかな色紙で造った花を飾って、それを打ちふりながら「歓迎、歓迎」とみずみずしい声で叫んだ。

校庭で、私は杜顕平《とけんぺい》君という一二歳の男の子と知り合った。両親は病気で亡くなり、今はおばあさんと生活しているという。おばあさんは孫のために家具などを売り払っては学費に当ててきた。そのお金もつきかけたとき、援助金を受けて勉強を続けることができたという。

私は小柄な彼の肩を抱いた。赤いほっぺたと汚れた小さな手。何枚もつぎ当てしている古い服。足のサイズに合わない靴は破れている。思わず胸が熱くなり、涙がこぼれてきた。今までずっと自分の運命がよくないと嘆いていた私だが、自分よりさらに不運な人びとをこの目で見た。子供たちは家が貧しくて学費が払えないため、就学の機会を失い、義務教育を受ける権利さえも奪われている。ここの子供たちは小さいときから、人生の辛さを味わっている。彼らと比べると、私の不遇はとるにたらないように思えた。私は仕事を失ったぐらいで不運を嘆く自分のことを、心底恥ずかしいと思った。

天津に戻ってから、私は写真や資料を持って、企業や役所などを回り、就学援助の重要さを訴えた。自分が見たこと、聞いたこと、学校を辞めざるをえなかった子供たちのことを懸命に話して回った。そして、日本からのボランティア・グループが二回目に桑植県を訪れたとき、私は通訳として参加した。貧しい山村の学校で、子供たちに体験授業を行なう日本の先生の通訳をした。教室の中の熱気、子供の生き生きとした顔は忘れられない思い出となった。

ボランティア活動に参加することで、私は自分が今まで生きてきた世界がどんなに狭かったかを知った。家庭を持ち、仕事をしてきたが、実は外の世界について何も知らなかったに等しい。貧しい生活を強いられながら、それでも人生に対して前向きな姿勢を失わず、粘り強く生きている桑植県の人たち。彼らの姿に、もっと積極的に自分の人生を生きることの大切さを教えられたような気がした。

「自由職業・ビデオジャーナリスト」になる

一九九四年の冬、日本の大学院を卒業した妹が帰ってきた。そしていきなり、「これからは学者になる道を捨てて、フリー（中国語では「自由職業」という）のビデオジャーナリストになる」という。妹の爆弾発言は、久しぶりに一家だんらんの時間を過ごしていた私たち家族を困惑させた。

妹は六年前、留学するために日本に渡り、いろいろ苦労をしながら、京都大学の大学院に入った。両親はそのことをとても誇りにしていて、妹が大学の先生になることを期待していた。しかし、妹は家族の期待を裏切ろうとしている。

「自由職業だって？　それは自由だけあって、定職がないということでしょ。お姉さんを見てみなさいよ。職がないというのはどんなに辛いことなのか、わかるでしょう。何のためにお前を日本に送り出したのか忘れたのかい」と、母は即座に猛反対した。母にしてみれば、どうして保証された将来を捨てて、不安定な仕事に就こうとするのか理解できないのである。日本の大学院を卒業できれば、希望したところへの就職が可能だったからだ。

「定職がなくても、ちゃんと食べて見せるわよ。日本で皿洗いだってしてたんだから、何も怖いことはないわ。しかも、これは私が今までで一番気に入った仕事なのよ。私が好きじゃない仕事を嫌々するのを、お母さんも見たくないでしょ」と、妹は一所懸命に説明して母を安心させようとするが、両親はますます心配するばかりであった。

妹の馮艶《フォンイェン》と私は三歳しか違わない。しかし、育った社会環境はずいぶん異なっていた。妹は高校を卒業して大学に入り、卒業後は改革開放政策のおかげで外国に留学することもできた。

一方、私のほうは、一九七六年に中学校を卒業しているが、この年はちょうど文化大革命が終わりを告げた年でもある。まだ大学の受験制度が回復しておらず、知識青年の農村への「下放」が国を挙げて進められていた時代であった。受験制度が回復したのは、就職してから一年後だった。文化大革命で無駄にした時間を取りもどすため、仕事をしながら夜間の高校で勉強して、大学に合格した。卒業してから元の会社にもどったが、私は仕事を大切にし、人一倍の努力を払ってきた。しかし、中年にさしかかった今、その仕事がなくなってしまった。自分の意志で仕事を選ぼうとする妹が、私はうらやましくて仕方なかった。

妹が帰ってくる度に、家のなかではぎこちない雰囲気が続いた。彼女はときにはやせ細っていて、病気であったり、体中シラミだらけになったりしているので、母はいつも彼女の健康を心配していた。もちろん「自由職業を選ぶのはやめなさい」という、母の説得は続いていたが、妹のほうは逃げることを覚え、友人宅へ「避難」することが度々あった。苦労をして私たちを育ててくれた母の気持ちは痛いほどわかる。子供が安定した仕事につき、健康でいてほしいというのは親なら当然抱く気持ちである。私はそばで見ていて、居たたまれぬほどつらかった。

しかし、親子喧嘩の仲裁役をしているうちに、なぜ妹がそこまでしてビデオジャーナリストの仕事に打ち込むのか、その理由を私自身もっと知りたいと思うようになった。

●ビデオカメラを通して見た新しい世界

一九九五年の二月、妹は取材先の村人たちと旧正月を過ごすために湖北省《こほく》に行くという。彼女は私に、一緒に来ないかと誘ってくれた。両親はおまえも同行してくれたら安心だと、素直に喜んでいたが、私はもう一つの目的、妹をこんなにまでひきつけている仕事の「現場」を見てみたいという思いをひそかに抱いていた。

この時期、気温は摂氏零度にまで下がるが、村には暖房設備がない。寒さがこたえたけれど、村人たちはとても温かくもてなしてくれた。お正月に家族と一緒に過ごす習慣のあるこの村では、家族のもとを離れた私たちを村人たちがよく食事に呼んでくれた。泊まっていた家の人は私たちの帰りを待っていて、値段が高くて普段はあまり使わない木炭の火鉢と、手足を洗うためのお湯を毎日用意してくれた。

村人たちは、妹がなぜ彼らの生活を「記録」しているのかをあまり理解していないが、温かい目で彼女を見守っていることは確かである。なぜ妹が取材に行く前にいつもわくわくしていて、そしてこの仕事をやめたくないのかを、私は少しわかったような気がした。

村には、七〇歳を過ぎたひとり暮らしのおばあさんがいた。小さな畑で自ら野菜をつくり、ダンボールやビンなどを拾って生活の足しにしていた。おばあさんは妹のことを気に入っており、私たち姉妹はよく彼女の畑仕事を手伝ったり、家へ遊びに行っていた。あるとき、おばあさんは妹が撮影しているのを止めて、

「何であんたばかりカメラを回しているの？　わしはお姉さんのほうに撮ってほしいよ」と、冗談めかした憎まれ口をきいた。

妹は苦笑しながらカメラを私に渡してくれた。私はファインダーをのぞいた。小さなファインダーの中で、おばあさんは目を細くして微笑んでいた。その微笑に私たちへの信頼があふれているようだった。彼女の顔は皺だらけで、おまけに歯もほとんど落ちてなくなっていたが、笑顔はとても魅力的で若々しかった。

カメラを通して見る世界が、こんなにも美しく、多彩であることを私ははじめて知った。毎日、

取材から帰ると、妹は撮影した素材を整理し、その後で私たちはいつもおしゃべりをした。妹は、どうしてこの仕事に興味を持ち、やり始めてからどんな点が楽しかったかなどを話してくれた。

彼女の口から、私ははじめて日本のドキュメンタリー映画監督、小川紳介のことを知り、アジアプレスのメンバーたちのことを知った。そして、暇があると、妹はカメラの使い方やドキュメンタリーの方法論などを教えてくれた。彼女の話は私を深くひきつけ、すべてが新鮮だった。

天津に帰って、私は、妹が撮った学校に行けない子供たちのビデオ作品を両親と一緒に見た。画面には桑植県のなつかしい風景が映り、自然ののどかさとは裏腹にぼろぼろの校舎で勉強する生徒たちの姿があった。ある農家では、一四歳になる少女が黙々と家事をこなしながら、学校にもどるよう説得しにきた先生と両親の会話に耳をそばだてていた。

「家が貧しいので、学校をやめるのは仕方がない」と言う少女に、妹が「一番ほしいものは？」と聞いた。「学校に行きたい……」、そう答えたきり黙って涙を浮かべた少女の顔が印象深かった。

ビデオが終わり、横を見ると、母がハンカチで目を拭いていた。

「ほんとうに健気な子だね。まだ学校に行けない子たちがたくさんいるのかな。学費を送ってあげましょう」

私は内心驚いていた。いままでずっと妹の仕事に理解を示そうとしなかった母から、こんな言葉が聞けるとは思ってもみなかった。いや、きっと主人公の少女に感動して、少しずつ妹の仕事の意味を理解してきたにちがいない。この少女のような未就学児童に、私は桑植県で何人も会ってきたが、一人の少女に焦点を絞ったこのストーリーは、子供たちが置かれた状況を浮き彫りにして、作品を見ている人の心に訴える力を持っていた。一つの作品を通して多くの人たちが、悲しみや喜び、そして勇気を分かち合うことができる。ビデオジャーナリストの仕事は意義のある仕事だと確信した私の心のなかに、自分もやってみたいという思いが芽生えていた。

●●●家具を売る農民たち

一九九六年のはじめ、私は妹の使わなくなった8ミリ・ビデオカメラを手にして、自分の周りから取材対象を探しはじめた。

改革開放後、中国の社会情勢は大きく変化し、新しい出来事がたくさん起こっていた。私は庶民のいちばん関心のある分野に着目して、失業女性が仕事探しをすること、流行りだしてきたパソコン・ブームのこと、都市住民が出した中古家具を買って農村に運び商売をする農民たちのこと、出稼ぎ農民たちのこと、田舎から都会へお手伝いとして働きにくる少女のことなどを取材した。

一つのテーマにだいたい一、二週間かけて、一人か二人の人間を主人公にして取材した。カメラ操作のことも含めて、多くの失敗もしたが、ビデオジャーナリストになる第一歩となった。

取材地はすべて天津で、取材するときは自転車で通っていた。しかし、友達の紹介で取材したものはスムーズに行くが、知らない人たちを取材するときはいつも警戒された。

「どこのテレビ局の人ですか。何の目的で撮るのですか」と、毎回聞かれた。

フリー・ジャーナリストの職業がまだ人びとに認知されていないので、説明するのに苦労した。事前にいろんな理由を用意して、説明の仕方を工夫した。

天津に来て中古家具を買い取り、それを農村に運んで商売する農民たちの話を取材しようとしたときのことだった。最初は、農民たちがビデオを撮らせてくれなかった。この商売のことが報道されたら、政府が干渉して取り締まるからだ、という。

しかし私は、「あなたたちのしていることは、むしろよいことで、都市と農村の交流を促進し、古いものを十分に利用して浪費を減らしている。この商売も近年、社会が変化している中の一つの新しい出来事です。単に需要を満たすというだけでなく、社会発展の原理にかなっているので、将来、政府機関によってもきっと具体的な奨励策が出されると思いますよ」と繰り返し説明した。

それを聞いて、農民たちはやや安心したようだった。ほとんどが、山東《さんとう》省などの内陸部の貧しい農村出身の彼らが、なぜこうした商売に携わるようになったのだろうか。ひとつには、天津市では旧市街地の再開発にともない、それまであった古い長屋式住宅が一斉に取り壊され、新しく建てられたアパートへの住み替えが進められるなかで、いらなくなる家具が大量に出回ったということがあった。しかも、そうした中古家具の農村での需要はきわめて高く、とても喜ばれたのである。

私は農民たちとともに市内を回り、家具を収集するところをビデオで撮った。たいてい農民たちは二〇日間ぐらいで、トラック一台分の家具を集めるのだそうだ。トラックがいっぱいになったら、故郷に運んで一週間ぐらいかけて売り尽くしてから天津にまた戻る。私は農村へ一緒に行きたいと思った。ある日、再三お願いした結果、王樹波《おうじゅは》さんという人が、同行することを了承してくれた。

トラックは天津市内を出て国道を走りだした。道の両側に緑色の畑が広がっている。太陽の光を受けてすべてがきらめいて美しかった。私は家具を満載して緑の中を走る車を撮りたいと、運転手さんにお願いした。路上に降りカメラを構える私の脇を、トラックは走り抜け、しばらく離れたところで止まった。トラックに再び乗り込んだとき、王さんは、「怖くなかったのですか。もしもトラックが止まらなかったらどうしました?」と冗談で聞いてきた。少しドキッとした。

撮っているときには、アングルのことばかり考えていたので、自分一人で彼らのトラックに乗って広い野を走っていることなど、少しも考えていなかった。あとで友達にこのことを話すと、「大胆ね。知らない人たちと何百キロも離れたところに行くなんて。何かあったらどうするの」と叱られた。小さいときからおとなしくて親元を離れたことのなかった私だが、どうして怖くなかったのか自分でも不思議だった。

このときの取材は、彼らが家具を売るところを撮るのを目的としていたので、できるだけ村に近い場所に泊まりたいと私は思った。しかし、王さんの話では、県庁舎がある町にしかホテルはないと言う。王さんの村は辺ぴなところにあるので、町からはバスが出ていない。ホテルに泊まったら通えないのだ。王さんとの話のなかで、彼は両親と妹と一緒に住んでいるのを知ったので、泊めてくれるよう頼んでみた。ところが王さんは、家が小さい、汚いとかの理由ですぐに断った。仕方がないので、私は荷物を下ろし終わったらとりあえず町へ行こうと思った。

トラックが村に近づくと、村の入口では、知らせを聞いた大勢の大人や子供たちがもう待ち兼ねていた。みんなトラックいっぱいの家具を見て笑ったり叫んだりしていて、まるで戦利品を見ているかのようだった。家具を下ろすとき、村人たちは率先して自分から手伝いにきた。子供たちも喜んで小さいものを運んだ。女たちは赤ちゃんを抱っこしてまわりをウロウロし、おばあさんたちは少し離れたところで、地面に腰を下ろして足を組んで見物している。

この場面は、私にとって新鮮で面白かった。都会で不要になった家具たちが、ここでこんなにも喜ばれるとは思いもよらなかったからだ。私は興奮して撮影を始めた。撮り終わると、私はカメラを置いて家具を運ぶ人びとの列に加わった。およそ四〇分後、作業が終わったとき、私の体は汗とほこりにまみれていた。

もう夕方になっていたので、町まで送ってもらうためにとトラックに乗ろうとすると、王さんがやってきて、「お姉さん、私の家に泊まってください。さっきは失礼しました」と申し訳なさそうな表情で声をかけてくれた。泊めてくれるとは考えてもいなかったので、思わず胸が熱くなった。

翌日、朝早く村人たちは王さんの家に集まってきた。みんな家具を手で触ったりして、自分が好きなものを選んでいた。王さんは私を連れて村を案内したり、農家を訪ねたり、近くの市場にも案内してくれた。彼の家で二晩泊まったあと、王さんの弟が自転車で私をバス停まで送ってくれ、そこで彼の村を後にした。見知らぬ人を二日間も泊めてくれたことに感謝して、私は帰る前にこっそりとお礼の手紙と五〇元を置いていった。

何ヵ月か経ったある日、家に帰ると、玄関先にダンボール箱いっぱいのリンゴが置いてあった。隣の住人が、「さっきまで農民みたいな人が二時間あまり待っていたのよ」と教えてくれた。リンゴ箱の中に手紙があった。

「お姉さん、先日はありがとうございました。家で収穫したリンゴです。どうぞ食べてください。またぜひ遊びに来てください」

王さんからだった。胸に熱いものが込み上げてきて目が潤んだ。そのときの感覚は今でもはっきりと覚えている。それは私がビデオを撮り始めて知ったはじめての感動であった。

その後、私の撮ったビデオは妹が日本に持ち帰って編集し、東京メトロポリタンテレビの「アジアリポート」という番組で放映された。放送決定の知らせを受けたとき、私は天にも昇ったように嬉しかった。自分の撮ったものにニュースとしての価値があり、そこから現在の中国を日本人が知ることができるのだと思うと、失業をきっかけに社会から取り残されたという思いなど、どこかに消えてしまった。そして、「ビデオジャーナリスト」をこれからの職業にしたいと思うようになった。

●時代の落伍者・中年女性たちの生き方を追って

一九九八年から、私は長期的に取材できるテーマを考えはじめた。そうして自分と同じような境遇にいる中年の女性たちに目を向けることにした。改革開放後、市場経済化の波が急速に広がって、社会において競争がますます激しくなっており、私と同じ年代の中年女性たちはいまや時代の落伍者になってしまっていた。

国営企業の経営不振と破産につれて、八〇年代の後半から失業者が増えはじめ、九四年からは大規模なリストラがどの企業でも行なわれていた。失業者のなかで、最初に仕事を失ったのは中年の女性である。私もその失業女性の一員で、仕事を失った苦悩を身をもって体験している。何人かそうした中年女性たちと出会ううちに、もっとこのテーマを深く掘り下げたいと考えるようになった。

私たちの世代の女性は、学歴、技能、年齢のどの面でも今の若者と競争ができない。私たちの青少年時代はちょうど文化大革命の一〇年と重なり、きちんと教育を受ける機会を与えられなかった。一九七七年に大学受験制度が回復したが、多くの人はすでに学校を離れて就職していたので、大学に行くチャンスを逃してしまった。学歴が低いので、いったん仕事を失うと再就職は非常に難しい。失業は家庭生活を経済的に苦しくするだけでなく、夫婦関係にも影響を及ぼしている。だから、失業した女性たちは喪失感を感じていて、コンプレックスを抱えたり、自信をなくしたりしている。

中国では失業者が増加している反面、改革開放にともなって新しい政策が打ち出され、人びとに自己発展の新しい機会が与えられてもいる。そのなかで一部の女性たちは自ら自立の道を見つけ、人生についても真剣に考えはじめている。このような女性たちの生き方と考え方は、自分も含めて同世代の女性たちにとって積極的な意味を持っているのではないか。私は、悪戦苦闘している普通の中年女性たちにカメラを向けた。

いく人かの女性たちに取材を行ない、最終的に二人に絞った。一人は小学校時代の同級生で、現在、個人タクシーの運転手をしている李秀慧《りしゅうけい》さん。もう一人は、新聞記事がきっかけで知った人で、自宅で知的障害の子供向けに啓蒙教室（養護教室）を開いている孫慧萍《そんけいへい》さんである。

●カメラなしの取材から始まった

同級生だった李秀慧さんとはもう一〇年以上会っていない。彼女がいまは個人タクシーの運転手をしていることを知り、電話で連絡したあと、自宅を訪ねた。再会して私はびっくりした。李さんはすっかり老け込んでいた。顔が黒く日焼けして、皺がたくさんあった。唇は乾燥しているせいか白く見え、着ている服はどれも時代遅れで、どことなく疲れきった様子だった。

李さんが住んでいる家は、ガスもトイレもなく、水道も引いていない簡易住宅である。家のなかはとても簡素で、大きなダブルベットのほか、家具と言えるのはタンスが一台と食卓、それから洗濯用の脱水機しかなかった。ところが、部屋の一角に大きなピアノが置かれていて、このぼろぼろな部屋と、とても不釣り合いであるように見えた。李さんは「このピアノは娘のために買ったもので、家では唯一の貴重品です」と説明しながら、「こんな所に住んでいるとは思わなかったでしょ」と苦笑いして見せた。

彼女の話では、結婚してからずっと自分の家がなく、簡易住宅を借りて住んだり、バス停の小屋に住んだりしてきたという。以前は、自動車工場で働く夫の収入と国営のタクシー会社に勤めていた彼女の収入で、生活は何とかやりくりできた。しかし、一九九二年に夫が失業し、続いて九三年に李さんの会社も倒産して、生活が厳しくなった。そのため夫婦は親戚から一〇万元（約一〇〇万円）を借りて個人タクシーを始めたのだという。

李さん夫妻は昼と夜の交替でタクシーを走らせているため、仕事の邪魔にならないよう、いつも旦那さんが出かけた夜に私は彼女を訪ねた。私は、李さんが大金を借りて個人タクシーを始めたことに感心していた。そのことを告げると、李さんは自信満々に、「あと一年ぐらいで借金を全部返済できる」と話す。彼女の夢は二つあり、自分の家を持つことと、娘にいい教育を受けさせて将来立派な人間に育ててあげることである。

「親がタクシーの運転手だからといって、子供もだめだとは人に言われたくないのです。たまに娘を連れて同業者と会うと、『行儀のいい子だね。あなたが育てた子供ですか。私たち運転手でもこんな立派な子を育てられるんだね』と言われる。相手はほめるつもりで言っているけど、私はそれを聞くと、とても辛くなります。だから、どんなに苦労をしても、娘の教育に必要なお金は削りたくないんです」と、李さんは語る。

近年、庶民の生活水準の向上にしたがって、タクシー業界は好景気に沸いている。個人商売のなかでは花形職業となっている。タクシー運転手が強盗に狙われることも多い。怖くないのか彼女に尋ねると、「私は繁華街だけを走っていて、遠いところに行くお客さんは乗せないのです。下心を持つお客さんに遭ったこともあるけど、それは何とか避けることができます。むしろ、いま一番怖いのは警官ですよ」との答えが返ってきた。

以前、こんなことがあった。李さんが車を走らせていると、横から出てきた高級車がしきりにクラクションを鳴らした。しかし、彼女はその傲慢さに腹が立って道を譲らなかった。すると、それが原因で警察に免許証を取られてしまったという。結局、免許証を返してもらうのに多額の罰金を払い、そのために友達にお金を借りなければならなかったのだそうだ。「警察官の横暴さには、我慢できません。個人タクシーは儲けていると思って、わざと難くせをつけてきて罰金を取るのです」。李さんは怒りを抑えられないといった表情を見せた。

毎日、夕方になると、李さんは家に帰ってくる。まずはタバコを一服吸ってから顔を洗い、食事を待つ。夫は昼間家にいるので、家事一切は彼が担当している。

「他人から見ると、私は強い女に見えるかもしれません。でも、実際は張り子のトラみたいで、外見は強そうだけど中身はもうぼろぼろ……」と、李さんは心の内を語る。

娘を産んだとき、風もしのげないような簡易住宅に住んでいたため、冷え症になり関節痛の後遺症が残った李さんは、体を温めようと、ご飯の時にいつもお酒を飲んでいる。お酒を飲めば、寒気を防げるだけでなく鎮痛の効き目もあり、疲れがとれるという。しかし、彼女は、女の人が酒やタバコをたしなむのは、世間体が悪いと思っていて、その場面を撮らせてくれなかった。それに、普段は悩みや相談ごとなど何でも話してくれるのに、私がカメラを取り出すと、別人のようになって、個人的な意見や批判は決して口にしなかった。

ある日、私は彼女のインタビューを撮影した。個人タクシーをやっていて、どんなところが一番しんどく感じているのかを聞いた。彼女はいつものように体裁のよいことを答えて、本心を明かさなかった。

その時だ。隣で宿題をしていた娘さんが突然、「お母さんは嘘をついている」と言った。それは私にもわかっていたが、彼女の顔を立ててカメラを回していたのだ。長年の友達だからこそ、彼女を取材したいと思い始めた取材だった。だが、このままでは時間とビデオテープを浪費するだけで、得られるものがないような気がした。彼女の取材はもうやめたほうがいいと、私は考えた。

しばらくの間、私は李さんに会いに行かなかった。しかし、ある日、李さんが私に電話をしてきた。「最近どうしているの？　私を忘れたのですか」と電話の向こうで彼女が聞く。私の返事を待たずに彼女は、「今日来なさいよ。車で迎えに行くから」と誘った。その日、私はあえてカメラは家に置いて、もう偽りの話は二度と撮りたくないと内心決めていた。

李さんの家へ向かう車のなかで、彼女は待ちきれないように自分から悩みを話しだした。家のこと、借金のこと、それから旦那さんに対する不満など、プライベートなことまで気兼ねせずに話してくれた。

中国天津で個人タクシーを営む李秀慧さんは
18歳のとき、父親の仕事を受け継いで
国営タクシーの運転手となった。
借金返済のため車を売り
弁当屋を開きたいと相談するが、
夫の張さんに反対される

孫慧萍さんは90年7月に
自宅で身障者の子供のための教室を開いた。
そこでは、基本的な生活技能が
身につけられるほか、義務教育を
受けられるよう勉強する

「最近、私たち個人タクシーの運転手に対して威張りくさった態度をとる客が増えてきたのよ。まるで馬鹿にして私たちを無教養な人間と決めつけているの。だから、いつも私は自分がとても卑しい存在なんだと感じていたわ。国営タクシーに勤めていたときは、自分の仕事に誇りを持っていたし、コンプレックスを感じたこともなかった。でも失業してからは、コンプレックスの味を毎日噛みしめている」

私は、李さんが強いコンプレックスを持っていることをはじめて知った。これまで、彼女は嘘をつく人だと思っていたが、実際はそうではなかったのだ。私は彼女を理解していなかった。彼女は私を、よき相談相手だと思っているにちがいない。

ただ、まだ取材に慣れていないし、自尊心が強いので、十何年間も会ってなかった旧友に自分の弱みを撮られたくなかったのである。もしも私が彼女の立場だったら、こんな個人的なことまで彼女に話せるだろうか……。そう思うと、彼女の本心に気づかずにビデオカメラを向けていた自分が恥ずかしくなった。

それからしばらく、私は彼女を訪ねるとき、カメラを持っていかなかった。そのかわり、しんぼう強く彼女の話につき合い、自分の身の上話なども話しては、彼女の相談に率直に意見を言った。そして再びカメラを彼女に向けようとしたとき、彼女との間に心と心のつながりを感じる自分がいるのに気づいた。

●母が紹介してくれた取材相手

もう一人の取材相手は、思いもよらないことに、妹の仕事に反対していた母が紹介してくれたのだった。この仕事を始めてからというもの、私は毎日が忙しくて、愚痴を言う暇もなくなり、ずいぶん明るくなった。母は私の変化を見て喜んでくれ、私のやることに関心を示しはじめていた。毎日、家に帰ると、母は必ず「取材はどうだったか」と尋ねてくるので、私はその日の出来事を母に話したり、時には母からアドバイスをもらったりもした。

ある日、母はある新聞を持ってきて、失業した女性が自力で再起したという記事が載っていると教えてくれた。どうやら私が取材相手を探しているのを知り、新聞記事に目を配って私を助けようとしてくれていたのである。

新聞には一枚の写真が載っていた。オルガンを弾いている中年の女性を囲んで、子供たちが歌を歌っている写真だった。写真からは、子供たちが障害を持っていることが一目でわかる。写真の説明には、「失業女性の孫慧萍さんは自宅で知的障害の子供向けに啓蒙教室を開いている」とあった。記事によると、教室を開いて九年。およそ一〇〇人の知的障害児がこの教室を卒業し、啓蒙学校（養護学校）や普通の小学校に進学しているという。記事は孫先生を、失業女性が自力で再起した模範的な例として紹介していた。

失業した女性が自宅で知的障害の子供たちの教育をしている。どんな人なのかこの女性に対して興味がわいた。しかし、記事には彼女の連絡先など何も書いていない。母が新聞社に連絡してみたら、と助言してくれた。

新聞社で孫先生の住所をたずね、私と母は自転車で孫先生の家に向かった。最初は一人で行きたかったが、母が「見知らぬ人が突然訪ねていくと、相手はきっと警戒するにちがいない。年寄りが一緒にいると、安心感を与えるはずよ」と主張するので、その意見に従った。

孫先生のもとを初めて訪れた日はとてもよく晴れて、初冬の日の光が暖かく母と私を包んだ。しかし、私の心をもっと温めてくれているのは、私を育ててくれ、今でも娘のことを気にかけている母である。

南開区にある住宅街で、ようやく孫先生の家を見つけた。ノックすると、女の人がドアを開けてくれたが、「孫先生はいない」と言って、中へは入れてくれなかった。しばらく待つと、中年の女性が卵がいっぱい入ったかごを手にして帰ってきた。短髪で青色のスーツを着ていて、とても清潔な印象だった。すぐに、新聞の写真に載っていたあの孫先生だとわかった。

私は、「新聞を読んで訪ねてきました」と自己紹介をした。すると、彼女は「どこの会社の方ですか」と聞いてきた。「以前は食料部門に勤めていたけれど、今は失業中です。隣にいるのは母です」と答えた。彼女はそれを聞くと、私と母を部屋に入れてくれた。

孫先生の家は普通の住宅である。二つの寝室と居間があり、大、小二クラスの、一六人の知的障害児を預かっていた。私が子供たちに挨拶していると、孫先生は、「今日はすぐに出かけなければならないので、すみませんが、話は今度にしてくれませんか」と言い、電話番号を教えてくれた」

ある土曜日、私は彼女のもとを再訪した。いつもはもっとにぎやかであろう部屋には長期寄宿生の六、七人が残っているだけだった。家の中は静かで、孫先生のご主人が子供たちの世話をし、私と孫先生は落ち着いて話をすることができた。

一九五六年生まれの孫先生は、七〇年に中学校を卒業したあと、紡績工場の労働者になった。三年後、彼女は工場の幼稚園に配属が変わり、先生となった。その後、八九年に工場は経営不振に陥ってリストラが始まった。運悪く、ちょうどそのときに孫先生は病気で休職していたため、解雇された。病気が治ってからは、食品のセールスなどをしたが、ある幼稚園に営業に行ったときに人手が足りないと聞き、そこでアルバイトをすることになった。

そのとき、たまたま担当したのが知的障害児のクラスだった。そこで初めて、社会にはたくさん知的障害の子供がいることを知って驚いたという。幼稚園では、このような子供たちの保育はするが、知識を教えることはなかった。ところが彼女が実験的に子供たちに文字など教えてみると、子供たちは習得できた。それがいわばきっかけとなり、知的障害児を教育する教室を自分で開きたいという考えが、心の中に芽生えたのだった。

その後まもなくして、孫先生は幼稚園のアルバイトを辞めた。貯金の二〇〇〇元（約三万円）をはたいて電子式ピアノや机やイス、文房具などを買って、九〇年の夏、自宅で知的障害児の啓蒙教室を開いた。子供たちの夢と自分の夢がかなうようにとの願いをこめて、彼女はこの教室を「圓夢《えんむ》」（夢の園）と名づけた。

「この教室を始めたときは、いろんな方面からの圧力を感じました。子供たちを連れて散歩に出かけると、今まで仲のよかった近所の人たちが、私を避けるようになったのです。知的障害の子供が見下されているだけでなく、彼らと一緒にいる者も一段低く見られてしまうのです。いつも聞かれるのは、『国から毎月いくらもらっているのですか』ということです。でも、実際には国からの援助は一銭たりともありません。まったくの個人経営です。

国の機関でさえも、個人が教育事業をやることに対して誤解しています。目的は『金もうけだけだ』と思われたこともありました。最初の数年間はそんなことばかりで、精神的にまいった時期もありました。でも、そんなときも毎日、子供たちと一緒にいて、ほかのことは忘れようとしました」と、孫先生は苦労を語ってくれた。

何日か経ったあと、孫先生が子供たちを連れて公園へ遊びに行くところを取材した。

知的障害の子供たちは、道を歩いているととても目立った。道行く人たちは物珍しそうに眺めている。なかには、「あほう」とわざと言う者もいた。私はそれを聞いて、今の社会でこんな人がまだいるのかと、腹立たしい思いがした。

しかし、孫先生にはそれが聞こえていなかったようだ。顔色ひとつ変えずに微笑みながら、子供たちの面倒を見ていた。帰る途中、自由市場を通りかかると、孫先生は子供たちに買い物の仕方を教え、一人に一個ずつ山査子《さんざし》の飴を買ってあげた。

私が先に遠くに走り、みんなが歩いてくるシーンをロングショットで撮ろうとすると、ファインダーの中にはとても美しい光景が映っていた。慈しみあふれる笑顔の先生が、小さな手に手に飴を持っておいしそうに食べている子供たちとともに団地の通りを歩いてくる。心が揺さぶられる場面だった。

その日の別れぎわ、孫先生はビデオテープを二つ取り出して、「これはテレビ局の人が撮ったものですが、見てください。あなたの必要なものはこのなかからダビングしたらいいですよ。だからもう撮影しないでください」と言った。つい先程まで目の前の情景に感動して、いいシーンに巡り合えたと喜んでいたばかりだったのに、このひと言で興奮が一気に冷めてしまった。

家に帰る途中、私はいろいろ考えた。私と孫先生はまったくの赤の他人である。彼女が私を信頼できないのは当たり前だ。テレビ局は国の機関だから撮影を断れないが、私は一個人だし、しかも小さいビデオカメラを使っている。彼女にとっては、小さいビデオカメラは嘘っぽいのかもしれないのだ。

私は、家に帰ってさっそくテレビ局が撮ったテープを見た。その番組は孫先生が婦人向けの講演で自分の業績を発表する場面から始まっている。先生が子供たちに楽しそうに教えたり、親たちが彼女に感謝のことばを述べていたりする様子が続く。

それは、彼女を「失業女性が自立する模範」として、宣伝するかのような印象を与える番組構成だった。私から見ると、その番組は彼女の本当の苦労や女性としての部分を見逃している感じがした。それは、撮影した人たちが傍観者であるからにちがいない。私は自分の経験から、私たち失業した中年女性の心の内を、彼らはわかっていないと直感した。

自分も含めて失業した女性たちが彼女に関心を持つのは、模範としての面ではないと思う。彼女が失業してからどんな困難に遭遇し、一人の中年女性としてどんな苦悩を抱えているのか、そして自分の再起を通して人生と運命、そして社会のあり方に対して、何か訴えたいことがあるのにちがいない。私が彼女を描くときは、まずそういう失業した中年女性の心理から始めたいと思った。そして、彼女を描くことで、自分と同じように失業した中年の女性たちと、生きる勇気を分かち合いたいと思った。

私は自分の考えを孫先生に話し、できれば長期的に取材したいとあらためてお願いした。すると彼女は快く同意してくれた。

●子供たちとの触れ合い

取材を始める前から、私はできるだけ子供たちの普段の生活を邪魔しないように心がけた。彼女が接しているのは健常児の子供たちではない。普通の生活技能さえ身につけていない子もいるので、孫先生の仕事量はとても多いのだ。

彼女が忙しくしているときは、私は自分もカメラを置いて手伝った。オシッコの後始末、ご飯の手伝い、子供が地面に吐いたものを掃除するなど、そんな仕事を通して、私も孫先生の苦労を実際に体験することで彼女を理解しようとした。私が子供たちと嫌がらずに遊んだりしていると、孫先生の私への接し方もだんだん親しさが増し、話もはずんだ。

私はよく教室を訪れたので、子供たちとも仲よくなった。子供たちは私の気を引こうとして、わざと撮影の「邪魔」をしたりすることがあった。そのため、思いがけないことが時どき起こった。レンズを突然手で覆われたり、体を押されたりして、笑いたくても笑えない場合があった。丁蓮《ていれん》ちゃんという女の子は撮影中によく、唾や鼻水を私の服に塗りたくって喜んでいた。ある日、私が夢中になって撮っていると、頭の上に何かを載せられた気がしたが、撮っている途中なので止められず、我慢していっしょうけんめい体のバランスを取りながらそのシーンを撮り終えた。そして、頭の上に置かれたものをそっと取ってみると、それは丁蓮ちゃんの靴だった。丁蓮ちゃんは私を見て勝ち誇ったように笑っている。私もつい笑ってしまって、その片方の靴を彼女に履かせた。こんないたずらをされても、私は怒ったりせず、かえって子供たちを可愛く思うばかりだった。

教室のなかに、雪ちゃんという自閉症の女の子がいた。彼女は入ったばかりで、ほかの子たちとも遊ばず、いつもひとりでいた。私が話しかけても答えることはなく、カメラを避けるようにしていた。

ある晩、孫先生は子供たちをお風呂に入れようとしていた。私も手伝い、雪ちゃんを含む三人の体を洗ってあげた。お風呂が終わり、私がビデオを片づけて帰ろうとすると、雪ちゃんは突然、「おばさん、どこに行くの?」と、話しかけてきた。雪ちゃんが話すのに驚いた私は嬉しくて、「おばさんは家に帰るのよ」と答えた。すると雪ちゃんは、「家に帰って何をするの?」と聞いてくる。「暗くなったので、家に帰って寝るのよ」と言うと、彼女はさらにたずねる。「何で寝るの？……」。

雪ちゃんは自分から進んで話をするようになった。私は感激した。しゃがんで雪ちゃんのあどけない顔を撫で、愛しさで胸がいっぱいになった。彼女の体を洗ってあげたことで、私に親しみを感じ、興味がわいてきたにちがいない。知的障害の子供でも、ほかの子供たちと同じように豊かな感情を抱いているのだと思うと、目頭が熱くなった。自身も一児の母親である孫先生が、なぜこの子たちをこんなにも愛していて、彼らのために喜んで情熱を注いでいるのか少しずつわかってくるような気がした。

孫先生は知的障害児の教育をしている。彼女の仕事の難しいところは、人に理解されにくいことである。取材を始めてから、私は初めて中国社会に障害者に対する偏見と蔑視がまだまだ存在していることに気づいた。親でさえ自分の生んだ知的障害の子供に対して、やさしく接することができない例が数多くある。

また中国では、制度上はすべての知的障害児に国立の啓蒙学校入学の権利を認めているのだが、地方の村落部では啓蒙学校がないため、入学できない子供がたくさんいる。そのうえ、一部の親は知的障害児に教育を与えても将来性がないと思って、そのまま放置してしまうこともある。中国では一般的に、知的障害者に対する認識が足りないと私は思う。孫先生はこんな現状を承知したうえで、自分の力で子供たちを救おうとしているのである。

●ビデオカメラが、私と母の価値観を変えた

取材者として、この三年あまりの間、私は取材相手からたくさんのことを学んだ。彼女たちを記録すると同時に、私はいつも自分のことを思索している。失業する前は、手軽な仕事を持ち、定期的に給料をもらい、家に帰ったら食事の用意をし、子供の世話をする毎日で人生について真剣に考えたことなどなかった。仕事を失ってから私は初めて、何が社会の問題点や矛盾なのかを知った。そしてまた、ビデオの取材をはじめてから、人間は何のために生きて、どう生きるべきなのかを考えるようになった。

孫慧萍さんは一度失業をした。自分の不幸があったからこそ、彼女は自分よりもさらに不幸な知的障害児たちに思いを寄せることができたのである。彼女は母のような心で知的障害の子供たちを愛し、彼らに知識を与え、将来自立できる人間になれるように手助けしている。

「………子供を助けたとか、どうしたとかいうことではありません。大切なのは一〇年、二〇年後に、社会に役立つ人間がまた一人増えることなんです」と、彼女は語った。

ごく普通の女性だった孫さんが、失業の憂き目に遭いながら、こうして知的障害の子どもたちの教室を運営できるまでには長い時間を要した。その歩みの過程で、彼女は人知れず努力を重ねてきた。自分の仕事から自らの存在価値を見出し、他の人びとや社会のために尽くすことを目標に努力してきた。

李秀慧さんの身の上は不幸で、いままでの生活は苦しかった。しかし、彼女はそれにくじける

ことなくチャンスを逃さずに自身の運命を切り拓こうとしている。自分の家を持つため、娘を立派に育てるため、自分の失ったもの、得られなかった愛情を娘に与えるために、彼女は人一倍の精神的、心理的なプレッシャーに耐え、体力の限界とも闘っている。

彼女たちの取材を通して、私は中国の女性がいまこそ解放の道を歩み始めたと感じている。改革開放までは、中国の女性は国から仕事をもらっていたが、それは外部から与えられたもので、自分で勝ち取ったものではなかった。

仕事が保証されなくなった今、女性たちの自立は、与えられたものから自身の努力を通して手にするものへと変化しつつある。これは、本当の意味での女性意識の目覚めである。私はビデオカメラと出会ったおかげで、自分と同世代の女性たちの真実を記録することができた。

また、いちばんうれしかったのは周りの人たち、特に母の変化だった。この仕事を始めてから、実家に帰ると、私は必ずその日取材した人のことを母に話した。母はいつも興味津々に聞いてくれるようになった。ビデオの編集機が置いてあるので、ビデオ素材を見るとき、母はよく静かに後ろで一緒に見て、時には意見や感想を言ってくれた。

最初は娘のことを気にかけているだけだと思ったが、だんだん母もこの仕事に興味を持つようになったらしい。母は、この仕事がとても崇高でやり甲斐のある仕事であることをわかってくれた。おかげで、妹が実家に帰ってきても、以前のような緊張した雰囲気がなくなり、逆に母は妹を私の先輩みたいに見なすようになった。

「最初はお前たちの健康と経済的安定ばかり気にしていたけれど、でも、毎日楽しく自分たちが充実していればそれでいいのよ」と言ってくれる。

私は、母のこの変化が心からうれしかった。なぜなら、私たち親子はともに興味を持てる対象を得たからだ。この仕事のおかげで、私たち親子はさらに理解を深め、共通の喜びを味わえるようになった。もし、私と妹がいいビデオ作品を作ることができたら、いちばん私たちのために喜んでくれるのは、母であるにちがいない。

「クルドの民」をめぐる私の「情熱」

〜ヨーロッパからクルディスタンへ〜

②

玉本英子

日本

今から一〇年前のことだ。成田空港でたまたま道を聞かれたことがきっかけで、私は日本に出稼ぎに来ているパキスタン人の若者たちと友だちになった。当時、日本はバブルに沸き、建設現場では人手不足を補うために雇われたイラン人やパキスタン人労働者の姿を目にするようになっていた。

彼らは日本語が話せるにもかかわらず、日本人の友だちがいなかった。私は数少ない日本の友人として付き合うようになった。彼らのアパートでピリッと辛い故郷の味のチキンカレーを食べながら、家族の話や仕事の話に大いに盛り上がった。

外国人労働者を扱うテレビ番組もたびたび流れるようになった。しかし、それは偽造カードや麻薬を売るオーバーステイの外国人の姿ばかりで、私は憤りを感じていた。なぜなら私の知っている外国人労働者たちは、たとえオーバーステイであったとしても、家族の幸せのため、自分の夢を実現するために一生懸命働いていた。犯罪とはまったく関わりのない人たちだったからだ。

彼らのなかに、パキスタン人青年ムハマド・ズベルさんがいた。とある町の電気基板工場で働くズベルさんは、「ジャーナリスト」という肩書きももっていた。彼は仲間の外国人労働者を家庭用ビデオカメラで記録し、それをビデオリポートにまとめた。CS放送局、朝日ニュースターの『外国人労働者が見たニッポン』という番組として放送したのだ。

建設現場の事故でケガを負い、労災認定が下りずに苦悩するイラン人青年のストーリーは、そうした彼らの苦悩を自らも同じ現場で働いてきた者の視点で描いていた。

労働力不足を補うため、違法を黙認して受け入れられた外国人労働者は、ひとたび仕事中の事故などで「労働力」として使えなくなれば、たちまち解雇され、補償もされなかった。人をモノのようにしか見ない冷たい日本の現状を、外国人労働者自身の側から告発したのだ。

番組に登場するイラン人やパキスタン人の青年たちはカメラに向かって笑い、ときには苦悩にゆがんだ顔をみせる。外国人労働者を描いたほかのテレビ番組では見たことのない彼らの日常、その自然な姿をズベルさんのカメラは捉えていた。小型ビデオカメラで取材対象に迫り、苦しみや喜びを描き出す。「ビデオジャーナリズム」という新しい手法を、このとき初めて知ったのだ。

●クルド人の焼身自殺

一九九四年三月。「ドイツの地方都市で、クルド移民たちがドイツやトルコのクルド人抑圧に抗議、女性二人が焼身自殺」というテレビニュースを見た。高速道路に立ちふさがりシュプレヒコールをあげるクルド人のデモ隊。その中から男性がガソリンをかぶり、自らの体に火をつけドイツ機動隊に突っ込んでいくシーンが映し出され、私は大きなショックを受けた。

九一年の湾岸戦争時にイラクからのクルド難民が大量に発生したニュースは以前見たこともあったので、イラクのクルド人の存在は知っていた。しかしトルコにもいるということは知らなかった。そして、なぜそのクルド人たちがドイツで抗議運動を起こしているのか分からなかった。

オランダに暮らしていた友人に、ヨーロッパのクルド人について聞いてみた。

「ヨーロッパには、世界各国からの移民が暮らしているけれど、クルド人移民ほど圧倒的な組織力を持つ人たちは他にはいない。デモなんかすごく盛り上がっているようだよ」

私はテレビで見た「焼身決起した男性」のことを思い出し、気になってしかたなかった。

「クルド人ってどんな人たちなんだろう」


私は、それまで働いていたデザイン事務所を辞めることにした。仕事を辞めてでも、ヨーロッパまで行ってクルド人に会ってみたいと思ったのだ。

外国人労働者の若者が言っていた。

「日本に来たのは、お金のためだけじゃない。違う世界を見たかったからなんだ」

私も違う世界に飛び出したくて、たまらなくなったのだ。

ビデオジャーナリストのズベルさんの影響で、私は8ミリのビデオカメラを買っていた。「クルド人」を撮ろうと考えたのだ。五年働き、貯金もある程度あったので、後先のことは深く考えずに飛び出すことに決めた。幸いなことに、両親は反対も賛成もしなかった。「だめだったら、すぐに戻ってくるだろう」と考えていたようだ。

ビデオ取材を始める

一九九四年八月、私は8ミリの小型ビデオカメラを手に、クルド移民が多く住むオランダにやってきた。クルド移民最大のコミュニティがあるのは、ドイツである。しかしドイツ語を話せるわけでもない私は、英語の通じる隣国オランダに滞在することにしたのだ。ここならドイツやベルギーへも電車一本、二時間ほどで行ける。

クルド人は、トルコ、イラク、イラン、シリアなどにまたがる地域に暮らし、独自の文化と言語を持つ固有の民族だ。彼らは、自分の暮らす故郷をクルディスタン（クルドの大地）と呼んできた。

ヨーロッパに暮らすクルド人は約一〇〇万人。そのほとんどが、六〇年代以降トルコからの出稼ぎ労働者としてヨーロッパに渡ってきた移民たちだ。

歴史的に多くの民族が暮らすトルコには、一二〇〇万人以上のクルド人がいるといわれる。しかし、トルコ政府は建国当時から、非トルコ人に対しトルコ化政策を推し進めてきた。クルド語の地名や民謡歌などは、すべてトルコ語に変えられ、学校ではトルコ語教育が強いられてきた。クルド民族としての存在は認められなかったのだ。

七八年、トルコからの分離独立を掲げて結成されたクルディスタン労働者党（ＰＫＫ）は、八四年、南東部地域の山岳地帯でゲリラ闘争を開始した。一般市民をも巻き込んだ爆弾テロなどで多数の死者が出たが、トルコ政府からの抑圧に苦しむクルド人たちは支持を寄せた。九〇年代に入り、クルド人の民族意識はヨーロッパに暮らすトルコ出身のクルド人の間にも広がり、ＰＫＫは、またたく間に運動を拡大した。ＰＫＫは、トルコでは非合法組織だが、オランダやドイツでは大規模なデモや集会が活発におこなわれている。

九四年九月末、オランダ南部の都市マーストリヒトで行なわれるという大規模なＰＫＫの集会に同行することにした。私にとって初めての取材だ。

「朝六時にバスが出るから。クルド移民協会の前で集合だ」

集会の前日、クルド人団体の関係者から連絡が入った。翌朝、肌寒い朝もやの中、自転車を飛ばして移民協会へと向かったが、誰もいない。六時きっかりにそこに立っていたのは、私とオランダ人のバス運転手二人だけ。

「クルド時間の六時という意味だったっけ」

私と運転手は、お互い顔を見合わせて苦笑した。七時をまわった頃、ようやく何人かのクルド人が現れ、結局この日バスが出発したのは、午前八時を過ぎたころだった。

マーストリヒトまで約五時間。集会の行なわれるサッカースタジアムにバスが到着した時、集会はすでに始まっていた。この日ドイツやベルギー、オランダから、二万人以上のクルド人が集まったのだ。

特設ステージの上では、きらびやかなクルドの民族衣装を着た女性歌手が、両手を広げ、クルド語の歌を高らかに歌っている。グラウンドではおびただしい数の参加者たちが、歌にあわせて大人も子供も一緒に、民族のダンスを踊っていた。人びとは、小指と小指をつないで一列になり、小さな歩幅で、右、左、右と、皆同じステップを踏む。その列は、小さな弧になり、つながって大きな弧になっていった。私は、その姿をビデオにおさめながら、ただただその熱気に、感動していた。

ビデオを片手に場内をうろつき回っていると、花柄のスカーフを頭に巻いた太ったおばさんに、いきなり腕をつかまれ、その場に座らされた。

おばさんは大きなリュックサックの中からガサゴソと缶ジュースとアルミの鍋を取り出した。鍋の中には、おいしそうなチキンの蒸し焼きが詰まっている。そして一番大きなチキンをつかんで私に差し出した。

彼女は、私の肩にぶらさがったビデオカメラに目をやり、通訳の若者に訳してくれと言った。

「あなたは記者なの？　どこから来たの？」

「クルドの事が知りたくて……日本から来ました」

「日本か……。あなたには国があるのね。私たちは自分の国をもっていないのよ。みんなそれぞれに故郷への思いがあって、ここに集まってきたの」

私は、塩のきいたチキンをほおばりながら、目の前に広がるクルド人の大群衆を見つめていた。

私は最初にクルド人の政治家や独立派のリーダーを取材しようと考えていた。しかし、クルド人それぞれの故郷への思いが集まったからこそ、この運動は拡大したのだ。ごく普通のクルド人の声に耳をかたむけていくことで、トルコのクルド問題を明らかにしていこう。そう思ったのだ。

集会の後半、雨が降り出し、グラウンドは泥まみれになった。体中びしょぬれになっても、人びとは踊りをやめなかった。

「あんた、そんなところでビデオばかり撮っていないで、一緒に踊るのよ」

強引に腕をひっぱられた。複雑なステップを教わりながら私も踊りの輪に加わった。

「クルドの普通の人びとを取材していこう」と漠然と決めたのはよいが、ジャーナリストとして何の経験もない。どう取材を進めたらよいのかもわからず、まずはクルド移民協会のカフェに足を運んだ。彼らとお茶を飲みながら、情報収集しようと考えたのだ。

カフェにたむろするのは、ほとんどが男性だ。カフェに一歩足を踏み入れると、濃いひげを生やしたクルドの男たちのするどい目が、いっせいに私を見た。私は、日本でパキスタンやイラン人の男性たちとの付き合いに慣れていたので、同じイスラム教徒のクルド人男性たちにもすぐに溶け込めると思っていたが、そうはいかなかった。

クルド人は見た目で人を判断するところがある。女性でジャーナリストにはとても見えない私を、相手にすることはなかった。彼らとしても、いきなり見知らぬ外国人女性に話しかけられても、どう対応してよいのやら分からなかったようだ。しかし、ほとんど毎日足を運ぶことで、彼らの態度も少しずつ変わっていった。そこで集会やデモの日程を聞き、その度に、8ミリビデオカメラを持って出向くことにした。

「クルド人の集会に現れて、小さなビデオカメラを回す小さな日本人」は彼らの間で知られるようになった。だが、彼らは私がビデオジャーナリストだということを知るよしもない。

「来週、妹が結婚するので、ビデオを撮りに来てくれないか」などと、個人的なことを頼まれるのもしばしばで、ビデオカメラを持って見知らぬクルド人の結婚式に出席、なんてこともよくあった。

取材はなかなか前に進まなかった。いや、デモや集会でとりあえずビデオカメラを回すのは、「取材」なんかではなかった。例えば、このデモを撮ることで誰に何を伝えたいのか、視点がはっきりしていないと、それは「取材」ではないし、作品にはならないのだ。基本中の基本のところでつまずいていた。

しかし、クルド人との日常的なつきあいは、取材対象というだけの見方をするのではなく、人として、友人として彼らと向き合うことにもなった。家に招かれ、子供たちと一緒に遊んだり、クルド料理を教えてもらったりするなかで、言葉や文化を学ぶこともできた。クルド移民は失業者も多く、ヨーロッパ社会の底辺に生きる人たちも少なくなかった。異国での生活になかなかなじめず、二級市民扱いのクルド人たちは、ヨーロッパ社会へ向けて自己確認をするように、デモや集会などで、叫び声をあげているように感じられた。

その後、私は同じテーマで取材を続けていた、ジャーナリストの坂本卓とチームを組み、オランダを拠点に取材を続けていくことにした。クルド人はイスラム教徒で男性と女性の区別がはっきりしている。取材相手が、男か女か、性別によって二人で役割を変えていこう、というわけだ。

日本では事務などのアルバイトをこなし、お金がたまったら再びヨーロッパへと旅立った。その繰り返しで今日まで来ている。フリーの場合、生活費、取材費、機材費など、すべて自分で用意しなければならないので大変だ。取材したからといって、ビデオ作品として世に出るという保証もない。貯金は、あれよあれよという間に減っていった。

私は、ドイツで焼身自殺をした二人のクルド移民女性たちの関係者を探したが、直接会うことはできなかった。しかし、焼身決起をして、全身やけどの重傷を負った男性、ムスリムさんと会うことができた。私が日本のテレビニュースで見た、ガソリンをかぶって火をつけた、あの人だ。やけどでケロイド状にひきつった腕や顔は、赤くただれている。

「なぜ焼身決起なんてしたんですか？」

彼がそこまでしなければならなかった思いとはなんなのだろう。私は訊いてみた。

「君はクルディスタンに行ったことはあるのかい？　君は私たちの家族や兄弟がどんな目にあっているのか見たことはあるのかい？　それが分かれば、誰だって私と同じことをするさ」

やけどでノドも痛めたらしく、彼の声はわずかに聞こえるほどかぼそかった。私はオランダやドイツに逃れてきたトルコ系クルド難民から、クルド人の状況をいつも聞かされてきた。「クルド」というテーマで作品をつくるのなら、クルディスタンへ行って、クルド人がどんな境遇に置かれているのかぜひとも知らねばならなかった。

檻《おり》のなかの街

一九九六年二月。オランダから飛行機でトルコへ向かった。機内は故郷に里帰りする移民でいっぱいだ。およそ三時間半でイスタンブールへ、そこから乗り継いでおよそ二時間、私はトルコ南東部最大の都市、ディヤルバクルに降り立った。ローマ時代につくられた、総延長五キロにおよぶ濃褐色の巨大な城壁が街をぐるりととり囲む。中国の万里の長城につぐ、世界第二の城壁が威容を誇る。

路上には、自動小銃を肩からさげた迷彩色姿の兵士や無線機を手にした私服警官が、通り往く人びとをじっと監視している。この街はクルド人による抵抗運動の拠点ともなってきたからだ。PKKの武装闘争が活発化した八〇年代後半からトルコ東部には非常事態宣言が発令され、テロ封じ込めの取り締まりが強化された。その過程で軍や警察による人権侵害も横行してきたのだ。

「城壁は美しい。でも、私たちにとっては檻のようなものです」

案内してくれた人権団体IHDの職員は言った。

IHD（人権協会）は人権侵害にあった人に弁護士を手配したり、拷問や不当逮捕などの人権侵害の実態を調査している市民団体だ。

翌日、当時南東部で相次いでいた、トルコ軍によるクルド村焼き討ちの被害者を取材するため、IHD職員とともに、村を焼かれた女性の家を訪れた。途中で検問があるかもしれないので、荷物は最小限にした。リュックサックに詰めこんだのは8ミリビデオカメラとテープ、ビデオ用ライト、手帳だけ。これだけでも見つかれば、記者とわかるかもしれない。私は目立たないように頭をさげ、すばやく案内の車に乗り込んだ。

市内中心部から車で一五分も走るとアパート群がとぎれ、雑然とした荒れ地が広がる地区に入る。車道の脇を荷車を引く馬車が行き、ヒツジ飼いに連れられた三〇匹ほどのヒツジの群れが、悠然と歩いている。レンガと石を積み上げただけの家並みが現れ始めた。検問で止められることはなかったが、「まだ安心しないで」と案内の男性が言った。

車から降りて歩き始めると、舗装されていない泥道に靴がズボッとはまった。公安警察が後をつけていないか。私は後ろを何度もふりかえった。パン売りの男。道路わきでトラクターを修理している農夫。疑いはじめると、だれもが警察の協力者に見えてくる。

ファトマさん（仮名四〇歳）の家は、小さな家が立ち並ぶ長屋の一角にあった。六畳ほどの広さの部屋が二間。そこに家族二〇人が暮らしている。夫は綿花畑の摘み取り労働者として雇われている。

深くシワの刻みこまれたファトマさんの顔は、浅黒く日に焼けている。彼女はほかの農村部のクルド人女性同様、クルド語しか話せない。ファトマさんは私を見るなり、自分の身に起こった出来事を一気に語りだした。

一家は、ディヤルバクル近郊の村でタバコ畑をつくって暮らしていたが、九〇年頃から村の近くでクルドゲリラと軍の衝突が激しくなると、軍の村落管理も強化されるようになった。九三年、

小指と小指をつなぎあわせて踊る
民族のダンスは、
厳しい風土を生きてきた
クルド人の結束を表しているかのよう
（トルコ／ディヤルバクル）

毎週土曜日の昼に行なわれてい
「土曜の母」の座り込み。
無言の叫びが路上に響く
（トルコ／イスタンブール）

故郷のクルドの村を追われ、
イスタンブール郊外に
逃れてきたクルド人一家。
拾い集めた材木に
ビニールをかぶせただけの家
身を寄せていた

軍は村の男たちに、武器をもってクルドゲリラと戦う村落警備兵になることを要求したが、村人たちはそれを断った。クルド人としてクルドゲリラに銃を向けることを拒んだ者もいれば、軍に協力したことで、ゲリラから狙われるのを恐れる者もいた。理由はどうあれ、警備兵になるのを拒否した村は「PKK支持の村」とされ、軍による過酷な仕打ちをうけた。

「兵士たちは私たちを棍棒、ナイフで脅して、力づくで家から引きずり出したの。そして家に火をつけたのよ。バァーッと炎が燃えあがったかと思うと、ぜんぶ煙につつまれた」

ファトマさんは、大きく手を広げて、火が燃え上がった様子を再現してみせた。村には家が四〇〇軒もあったが、みな親戚をたよりに都市部へと逃れていったという。

家を失い、ディヤルバクルに逃れてきたのもつかのま、ファトマさんの息子（当時二〇歳）は、村の家に残った荷物を取りにいくと出かけたまま行方不明になった。知事や警察に捜索願いを出しても相手にされない。ファトマさんは、息子が軍によって殺されたのではないかと恐れていた。

ファトマさんは、隣の部屋から息子が残したズボンとセーターを持ち出してきて、ビデオで撮ってほしいと、広げてみせた。

「息子が今も生きているのか、死んでいるのか、それだけでも教えてくれたら……」

唯一残された息子の顔写真を持つファトマさんの手は震えていた。

彼女の話を撮り終えると、私は自分の気持ちを抑えられなくなり、涙があふれ出てしまった。

私は取材対象者と向き合う苦しさをはじめて経験した。小型ビデオカメラで撮っていると、相手の言葉が私自身に向かってダイレクトにぶつかってくる。取材で撮っているという感覚がなくなってしまう時があるのだ。クルド人の証言は、拷問や家族の失踪など、私がこれまで経験したこともない出来事ばかりで、ジャーナリストとしてというよりも、人として未熟な私は、彼らの思いを自分自身どう受け止めたらよいのか、とまどったのだ。

家族を殺されたトルコ人にとってPKKは「残忍なテロリスト」に違いない。PKKの爆弾闘争によって、一般市民やクルドの村人さえも犠牲になってきた。「トルコにはクルド問題は存在しない。テロ問題があるだけだ」。これが、トルコ政府の見解だった。

私はPKKの闘争のやり方には批判的だ。しかし、クルド人がクルド人として参加できる政治や言論の場が閉ざされ、また、ひとたびそれを求めようものなら投獄や拷問を覚悟しなければならなかった状況のなかで、クルド人のPKK支持は拡大したのだ。「もうこれ以上がまんできない」とクルド人が起ち上がったのだ。

こうした背景を無視して、「クルド問題」を「テロ問題」と片づけてしまうことはできないのではないか。

クルド人の村々でPKK支持が広がったのは、PKKが「クルディスタン独立」を掲げたからではない。家族や兄弟を殴りつけ、拷問を加えてきた兵士、自分たちの言葉を話すことを許してくれなかった政府への怒りが、まずあるのだ。

村を焼かれたファトマさんの言葉を思い出す。

「私たちは、最悪の状況に置かれているのよ。それを変えてくれるのなら、PKKでもなんでも支持する！」

トルコ南東部で、外国人記者がクルドの村人を自由に取材することは容易なことではない。私も捕まってしまったことがある。ある少年の密告から、公安警察に見つかってしまったのだ。

「私は警察だ。パスポートを見せろ！」

私の二倍はありそうなぐらいにでっぷりと太ったおじさんが、目の前に立ちはだかった。彼の手には無線機。ピロピロロと機械的な呼び出し音が響いている。傍らに立つのは無表情の警官二人。マシンガンを携えている。

ああ、どうしよう。とにかくその場を切りぬけて、撮影済みのビデオテープが持っていかれるのだけは避けなければ。ドキドキする心臓の鼓動が、音になって聞こえてきそうだった。冷静に、落ち着いて、と自分に言い聞かせる。

「まず身分証を見せてください」。私は言った。

「ああ、見せてやる。ほら」

彼は財布を開いた。そして警察の標章とトルコ国旗が印刷されたカードを見せてくれた。

しかし、それよりも私が見入ったのは、カードの横に入っていた家族の写真だった。妻と二人の幼い子供がならんで写っている。いま私を睨みつけているこのおじさんも、家に帰ればやさしいパパなんだろうな。ふと、そんな思いがよぎった。

「この街に来た目的は？　どこに行ったか？　だれと話したか？」

あれこれ尋問されたが、私の頭の中は取材したテープのことでいっぱいだった。テープの中には、夫を治安警察に殺された妻のインタビューが入っていたのだ。しかし私服警官は、小さなデジタルビデオテープの存在に気づくことはなかった。私は街を追い出されることになった。取材も中止だ。

この時、私が痛感したことは、ビデオは写真と違って、顔どころか話している内容がすべて分かってしまうということだ。警察に押収されたら、取材対象者が逮捕されるかもしれない。取材対象者にビデオカメラを向けた段階で、相手に対して「責任」が生じることを忘れてはならない。「撮ったら取材は終わり」ではないのだ。

街を追い出されたその日、私はふてくされてイスタンブール行きの飛行機から、ずっと窓の外を眺めていた。私の頭のなかをいろんな思いがめぐった。

クルド人の村が破壊され、拷問が続く。家族を殺されたクルド人は、軍や警察に反発し、ゲリラ闘争を支持する。私を捕まえたあの公安警察のおじさんも、もしゲリラに殺されるようなことがあったら、家族は悲嘆にくれるだろう。そして「テロリストの非道」と呪うだろう。

なぜ、クルド人とトルコ政府のあいだにこうした状況が続くのか。殺し合いが止まないのか……。

●土曜の母たち

イスタンブール最大の繁華街イスティクラル通りは、週末ともなれば買い物にくり出す家族連れやデートを楽しむ若者でごった返す。その一角で三〇人ほどの中年女性たちが、手に大きな顔写真を携え、無言で座わりこみを続けていた。彼女たちが携えている顔写真の夫や息子たちは、数年前、突然家族のもとから姿を消した。その多くがクルド人だ。一連の失踪事件の背後には、治安当局が関与していると彼女たちは主張する。毎週土曜日の正午、消えた家族の真相究明を訴えて集まる母親たちの行動は、当局から許可を得ない形ではあったが、特に混乱もなく黙認された状態のまま続けられていた。

一九九七年一〇月、私は「土曜の母たち」のビデオ取材を始めた。トルコ南東部では失踪した息子や夫を捜す手だてが見つからず、苦しみにあけくれる母親たちを見てきた。しかしイスタンブールでは、失踪の真相を追求する母親たちが起ちあがったのだ。勇気ある女性たちは、どんな思いで毎週の座り込みに参加しているのだろう。雨の日も雪の日も集会は続けられていたが、集会の警備にあたる機動隊の数は、週を追うごとに増えているようだった。

この頃になると、私も五分間のビデオリポートを制作することができるようになっていた。『トルコの結婚事情』や『トルコの異端派宗教アレヴィー派』という、クルドとはまた違った内容のものであったが、この仕事を通して編集作業やテロップ、ナレーション書きなどひととおりの作業を覚えることができた。

そして、九八年九月、NHK教育テレビ、ETV特集の『ビデオジャーナリストは見た』という番組で「トルコのクルド人」のプレゼンテーションが通った。それで急きょ、「土曜の母たち」を追加取材することになり、私は再びイスタンブールに向かった。

私はさっそくIHDの事務所を訪れた。この日「土曜の母たち」の参加者は集会の準備のため忙しく動き回っている。

「またどこかの記者が来ているわ」

女性たちのささやく声が聞こえた。私は会議室の隅っこに立って、参加者の母親たちが会話する様子を撮っていた。

「ビデオなんか撮って、いったい何になるのよ！　それが放送されたって何が変わるのよ！」

女性の声が部屋に響いた。

これまでに、さまざまな国の記者が「土曜の母たち」を取材にやってきた。母親たちは、夫や息子の失踪や殺害された理由が少しでも明らかになれば、と必死になって取材に協力していた。しかし状況が変わることはなかった。徒労を感じていた母親たちが、ビデオを撮影している私の姿を見て、怒り出したのだ。

彼女たちのいらだちに心を傾けもせず、ビデオカメラを向けていた自分が恥ずかしくてたまらなかった。私はうつむいて録画のボタンを止めた。

「失礼なこと言って、ごめんなさい。でも、私たちの苦しい状況を分かってください」

エミネ・オジャクさん（六一歳）に会ったのは、この日が初めてだった。

灰色の髪の毛をきっちりと真ん中に分けた姿に彼女の几帳面さがうかがえる。九六年、エミネさんが、息子の失踪をＩＨＤに訴えたことがきっかけで「土曜の母たち」の運動がはじまった。その後、彼女の存在を知った同じ境遇の母親たちが、次々と名乗り出たのだ。

それから数日後、「土曜の母たち」の参加者からインタビューを撮るために再びＩＨＤの事務所に出向くと、エミネさんは事務所のソファに腰をおろしていた。

私はエミネさんと話がしたくて、ディヤルバクルの取材で出会った女性たちのこと、夫や息子が失踪し、苦しみ続ける女性たちのことを話した。

エミネさんは亡くなった息子について語りだした。

「三年前のことだったわ。息子のハッサンが、突然いなくなったの。私と夫は必死になって探したのよ。でも見つからなかった。一ヵ月後、森の中で捨てられているのが分かったわ。私は息子の亡骸を見たの。身体に拷問の痕があった。彼は警察に殺されたのよ」

息子のハッサンさん（当時三〇歳）はトルコの左翼組織に関わっていた。母親思いの心のやさしい、自慢の息子だったという。

「『土曜の母たち』に参加したことで、政府は問題解決に向けて、何か対応してくれたのですか？」

「まさか！　対応してくれるどころか、私は警察に捕まり拷問されたのよ。この写真を見てちょうだい」

写真に映ったエミネさんのひじから脇の内側が、ポツポツと赤黒くなっていた。殴るけるの暴行を受けたという。それは一度や二度のことではない。

「弾圧は厳しくなるばかりよ。来週の土曜日、あなたも来るでしょ」

翌週の土曜日の午前中、私はエミネさんとＩＨＤの事務所で会う約束をした。前の週に逮捕された母親たちは、警察に脅されたのか姿を見せなかった。私とエミネさん、同じく行動に駆けつけた七人の「母親たち」は、いつものようにイスティクラル通りに向かって事務所を出た。エミネさんの顔が一瞬こわばった。

通りに通じる路地に入ると、盾を横一列に並べ、道を封鎖した警官隊に出くわしたのだ。

私は、ビデオカメラのスイッチを入れた。緊張して、少し手が震える。

「道を通してよ！」

エミネさんは叫ぶ。

「お前たちは集まってもう何年になるんだ！　そんなことをして息子を見つけることができたとでも言うのか！」

警官はあざ笑うかのように言った。それでもエミネさんは警察の盾に近づこうと歩み寄った。

「そっちに行っちゃだめ！」

仲間の母親たちはエミネさんに向かって叫んだ。これ以上進むと、逮捕される。

「なぜ、警察は私たちの口を封じようとするの？　息子を殺した犯人はどこなの？　犯人を見つけ出してきてよ！　息子を返してよ！」

エミネさんは、ビデオカメラを回す私に向かって叫んだ。

放送が終わって半年後、私は再びエミネさんを訪れた。彼女は私の頬に何度もキスをしてくれた。「土曜の母たち」の集会は、当局によって禁止措置が出ていた。街頭での座り込みはできなくなったのだ。

「苦しむ人びとの状況を少しでも良くすることができれば」という思いで、この仕事を続けているが、現実は厳しい。

「ビデオなんか撮っていったい何になるの！」

私は「土曜の母たち」の一人に言われたことを思い出していた。

しかし、この日エミネさんは私の髪をなでながら、こう言ってくれたのだ。

「あなたたちが私たちの声に耳を傾けてくれるかぎり、私はこの運動をぜったいに終わらせはしないわ」

●日本の貧困なニュース報道

一九九九年二月、ＰＫＫのアブドラ・オジャラン議長がケニアでトルコ特殊部隊によって拘束され、その後トルコに送還された。「逮捕に反発したＰＫＫ支持者のクルド人が、ヨーロッパ各地のギリシャ大使館を占拠」というニュースは日本でも大きく報道された。

毎晩放送される民放の人気ニュース番組では、オジャラン関連のニュースが八分間流れた。クルド問題が日本のニュースでとりあげられることは極めて珍しいことだった。身柄を拘束されたオジャラン議長やギリシャ大使館を占拠するクルド人の映像を見せたあと、日本に暮らすクルド人を紹介した。

日本でNGO活動を続けているイラクのクルド人男性がインタビューを受けたが、トルコのクルド人についてのコメントはなかった。

日本にも東京を中心におよそ二〇〇人のトルコ系クルド人がいるが、テレビ局が彼らを見つけられなかったか、もしくは取材を拒否されたのであろう。

しかし、「同じクルド人だから」という理由だけで、トルコのクルド人とはその置かれた政治状況、歴史的背景のまったく異なるイラクのクルド人を取材するだろうか。北朝鮮の人権問題を取材するのに、同じ朝鮮半島だからというだけで、韓国人活動家が韓国の人権状況を語っているようなものなのだ。

「一地方の山岳民族が、ヨーロッパで一斉蜂起できるなんて、世の中変わったんですね。人が簡単に移動し、通信できるようになったんですね」

キャスターはニュースの最後にコメントをつけた。

日本のテレビでは、まだこんなことが平気で放送されているのだ。日本のテレビのクルド問題に対する認識のなさに、私は「なんなのよ！」と、テレビにみかんを投げつけてしまった。

●ビデオジャーナリズムを見つめて

ビデオジャーナリストは一人で取材から編集までをこなす、というイメージが定着しているが、私の場合は、ほとんどの取材を二人で行なっている。二人といっても、一人がディレクター、一人がカメラマンというのではなく、二人がビデオカメラ（一人がスチールカメラの場合もあるが）を持ち、役割を決めて取材している。報道規制のある地域や危険地帯などでは、迅速な行動や正確な判断力が求められるからだ。ただし、取材方針や役割について理解しあっていないと、視点の定まらない取材になってしまう。だから納得いかない時には徹底的に話し合うようにしている。

トルコ南東部などの報道規制の厳しい場所では、「ぜひ泊まっていってよ」と声をかけてくれるクルド人家族の厚意を断ってホテルに泊まる。外国人を泊めたことで警察に目をつけられるなどの迷惑をかけたくはないからだ。しかし、じっくりと話を聴きたい時には彼らの家に滞在することもある。生活をともにすることで見えてくることも多いのだ。

最初はビデオカメラを向けると露骨なまでに顔を背け、私に一言もしゃべってくれなかった女性が、ある日、私にクルド民謡を歌ってくれたことがあった。彼女は、お皿洗いや家の掃除などを子供たちと一緒になってやっていた私を見て、本当の娘のように思えてきたのだという。そして以前とはまったく違う表情で、クルド女性の日常や、宗教や習慣のなかで彼女たちが経験する苦悩や喜びを語ってくれるようになった。人びとに向き合いながら記録し、伝えていくことを可能にするビデオジャーナリズムの手法は、こうした現場でこそ発揮できるのではないか。

私は今でも悩み、試行錯誤しながら取材者としての自分を模索している。人びとの喜びや苦しみを、どう自分のものとして感じとることができるのか。カメラを向ける前に、いつも考えるよう心がけている。私の取材のスピードは大メディアのような迅速さはないけれど、これからも世界のどこかで苦しみや、悲しみの現実と闘っている人たちのもとへ行き、ビデオ片手に彼らの声にじっくりと耳を傾けていきたい。

外国人労働者だったぼくが伝えたかったこと

③

ムハマド・ズベル

パキスタン

一九八九年一二月二九日。日本が空前の好景気に沸く、いわゆるバブルの時期に、私は日本にやってきた。成田空港から東京まで行くバスの中から見た景色に浮かび上がる高層ビル群と、巨大な生き物のように街を走る高速道路、そして猛スピードで行き交う車の群れ……。〝着物とちょんまげ〟、日本に対してそんな古いイメージしか持っていなかった私の期待は見事に裏切られた。日本は、私の想像をはるかに上回り、近代的で発展した国だった。〝経済大国・日本〟。この言葉を私はこの時なるほどと、実感したのだった。

品川で空港からのバスを降り、中目黒に住むパキスタン人の友人の家に向かった。街には寒い夜だというのにたくさんの人があふれ、師走の賑わいを見せていた。色とりどりのネオンの輝き、まばゆいばかりの光を放つショーウインドウ、そして行き交う人びとの楽しそうな笑い声……。目に入るものすべてが日本の豊かさを表しているように思えた。同じアジアの国・日本の予想以上の発展振りに、私は興奮した。

繁華街を抜けて、住宅街の一角にある小さな木造二階建てのアパートにたどり着いた。歩くとぎしぎしと軋む狭い階段を上がり、部屋のドアを開けて私は息を呑んでしまった。そこには、それまで目にした繁栄の明るい日本とは正反対の世界があった。狭くて薄暗い空間の中で、びっしりと敷き詰められた丸太のように横たわる男たちの姿が照らし出された。体の芯まで凍るような底冷えのする夜だ。しかし、パキスタンの家なら台所ぐらいの広さしかないその六畳二間の部屋に、一三人の男たちは布団もしかずに雑魚寝をしていた。彼らは同じパキスタン人で日本に出稼ぎに来た外国人労働者だった。

初めて日本を訪れた晩に見たこの光景は、私に経済大国日本の〝裏の顔〟をまざまざと見せつけるものだった。当時、私の国パキスタンでは、海外で働く彼らの現状はほとんど伝えられることがなかった。日本で働く出稼ぎ労働者からの送金でパキスタンの家族は経済的に豊かな生活を送っていた。必然的に、日本での暮らしも豊かなものなのだろうという誤解を人びとは抱いていた。しかし、実際にそのお金を稼ぐために彼らがどのような苦労をしているのか、あるいは犠牲を払っているのか。また、日本において彼らの存在がどう位置づけられているのか。今まで知られてこなかったこれらの事実を、ジャーナリストとして記録し、伝えたい。日本訪問一日目の夜、私の胸はそうした思いで一杯になっていた。

●伝えることの面白さを知る

写真に興味を持ち始めたのは、一二歳のときだった。パキスタンの最大都市カラチで生まれ育った私は、小さな頃から好奇心旺盛な子供だった。一二歳のときに父親に買ってもらったカメラがとても気に入って、地方の村などに行くと必ず風景や村の暮らしなどを写真に収め、家族や友人たちに見せていた。

当時、パキスタンではメディアがあまり発達していなかったので、都会で暮らす人びとは、地方の村人がどのような暮らしをしているのかほとんど知らなかった。そのため私の写真は、彼らの間で好評だった。またある時は、都会の高層ビルや街の写真を撮って村に持って行った。すると村の人たちも都会の生活や文化を見る機会があまりなかったので、とても喜んでくれた。私は、都会の人びとと村の人びとが、自分の写真を通してお互いの存在を身近に感じられるということが嬉しかった。と同時に、一枚の写真が持つ「伝える力」のすごさ、百の言葉をもってしても一目見ることにかなわないことがあることを強く感じた。この時は単純に写真を撮ることが楽しく、そして他の人が知らないことや見たことのないものを写真に収めて、人に伝えたい、と漠然と思うようになった。

私が中学から高校へと進学した頃、パキスタンの内外の情勢は、にわかに緊迫しつつあった。一九七九年、隣国アフガニスタンに旧ソ連が侵攻し、八〇年から八一年にかけて、三五〇万人もの難民がアフガンからパキスタンへと流入してきた。私が暮らすカラチにも街外れに難民村ができた。また国内では、七〇年代から始まった、「MQM運動」が大きな盛り上がりを見せていた。MQM運動とは、「モハジール・コミー・ムーブメント」（モハジール民族運動）と言って、パキスタン独立当時にインドからやってきた移住者（移民）に対する差別をなくそうという運動であった。

四七年、イギリス領インドからインドとパキスタンが分離・独立した時に、パキスタンに暮らすヒンドゥー教徒はインド側へ、インドに暮らすイスラム教徒はパキスタン側へと移動した。この時に大混乱が生じ、略奪や虐殺などで多くの犠牲者が出た。およそ千数百万のイスラム教徒が、持つものも持たずインドからパキスタンへと命からがら逃げてきたと言う。かつてはインドのデリーに住んだ私の祖父母や両親もそうした移住者だった。しかし、そうしてパキスタンにやってきた移住者（移民）は、もともと現地に住んでいた人びとから、就職差別などをはじめ多くの迫害を受けたのだった。

インドからの移民の大部分はその後、大きな街へと住みついたため、MQM運動はカラチなどの都会で急速に広まっていった。街頭では、頻繁にデモが行なわれるようになり、政党や学生組織も作られた。高校生の頃から、私もそうしたデモに自然と参加するようになった。

MQM運動が、移住者の人権だけでなく大地主制度の批判や貧民の権利回復、軍や政治家の汚職糾弾へと運動の対象を広げていった八〇年代半ば、急速に拡大する勢力に恐れをなした政府や軍によりMQMへの弾圧が激しくなった。デモは武力で鎮圧され、また参加者が警察により連れ去られ死体で発見されるといった事件が相次いだ。

八五年のことだった。身近でそうした事件が起った。私も参加していたデモに武装した警察隊が襲いかかった。そして、警官によって連れ去られた参加者七人が行方不明になった。数日後、たまたま知人を見舞いに訪れた病院で、私は収容されたばかりの七つの遺体を目にした。赤黒くむくんだ遺体のあちこちには、目を覆うような拷問の痕があった。タバコの火で焼かれた火傷の痕や、目の下をナイフでえぐられた傷、他にもチェーンのようなもので殴られた無数の切傷が彼らの体に刻まれていた。そのなかには、デモで何度か一緒になった顔見知りの若者もいた。

変わり果てた亡骸にすがりついて泣く遺族たち。なかには半狂乱になっている母親もいた。胸をつきさすような遺族たちの悲しみの声が遺体安置所に響く。力でもって人の思いを押さえ付けようとする軍や警察に対してどうしようもない怒りを私は覚えた。「なぜこの人たちは殺されなければならなかったのか。彼らが何をしたというのか……」。やるせない思いが胸をしめつけた。そして、目の前の理不尽な死に対して、何もすることができない自分の無力さが本当に情けなかった。また、「自分もいつこのような目にあってもおかしくないのだ」という恐怖心と、権力の恐ろしさを身をもって感じたのもこの時だった。

この事件をきっかけに、本気で写真を勉強しようという気持ちになった。写真を使って何かを変えようというような大そうなことはまだ考えていなかった。実際、当時のパキスタンでは政府の規制が厳しく、そうした写真を撮っても発表することは不可能だった。しかし、とにかく目の前で起っている世の中の矛盾を記録したい……記録することがまた現実への唯一の抵抗の証であるとの思いがあったのだと思う。

それから私は、ＭＱＭのデモをはじめ、アフガン難民の暮らしや、地方の貧しい人びとの暮らしを写真で記録していった。しかし、依然として変わらない現実がそこにあり、自分の中のもどかしさは消えることはなかった。

●不法滞在の日々

もっと本格的に写真を勉強したい。私は一九八七年ごろからそう考えるようになっていた。大学を卒業し、何を仕事として選ぶかの選択を迫られていた。しかし依然として、パキスタンでは厳しい報道規制がひかれ、フォトジャーナリストの仕事の場は極端に制限されていた。体制側に従属した似非《えせ》ジャーナリストは別としても、とても自分がやりたいことを仕事として成り立たせてゆけるような現状ではなかった。だから、まずイギリスでフォトジャーナリズムを学ぼうと思った。

留学の資金稼ぎのためにカラチでアルバイトをしていたとき、偶然、日本に来てみないかという誘いがあった。日本に出稼ぎに行っていた幼なじみからの誘いだった。あまり気がすすまなかったが、航空券も日本での滞在費も彼が出してくれると言うので、一ヵ月だけ観光気分で行ってみることにした。しかし、結局、そのまま一〇年以上も日本に滞在し、日本女性と所帯を持つまでになるとはいったい誰が予想しただろう。

日本に到着した夜、「日本で暮らすパキスタン人労働者の現状をもっと知りたい」という強い思いを抱いた。そして、初めて見た日本という社会にも急速に惹かれていった。さらに、日本で暮らす友人たちに連れられて渋谷や新宿などを歩いて、どこでも日本の伝統文化の影が薄いのに驚いた。街を歩く人びとの洋服は、すべて欧米風のもので、なぜここまで日本人は欧米化してしまったのか、と強く疑問に思った。パキスタンのほかの友人たちに会ったり、街を観光して回るうちに、予定していた一ヵ月が瞬く間に過ぎてしまった。

私はパキスタンに帰るのか、それとも日本に残るのか迷った。なぜならば、たまたま、友人の知り合いの日本人が、私も職を探しに来たと早合点し、働き口を見つけてしまったからだ。そのまま日本に残って働いたら、私も不法滞在の労働者となる。「不法」ということが気になったが、日本で働いているパキスタンの友人のほとんどが不法滞在の労働者であったことが、私を気楽にさせていた。また、本当に外国人労働者の姿を伝えたいならば、自分自身がそうなって内側からのぞいてみたいと思った。かくして、私は、観光客から不法の外国人労働者として第一歩を踏み出したのだった。

当時バブルに沸く日本経済は、建設現場やプラスチック精製などの中小企業の工場で安い労働力を大量に必要としていた。そして、それに吸い寄せられるように、八〇年代後半にはアジア各国から多くの労働者が日本へ流入した。八六年から八八年までの二年間、パキスタン人だけで一万五〇〇〇人もが、日本に働きにやってきていた。しかし、そうした現状に法の整備が追いつかず、日本政府は、未曾有の好景気を支えるために、増加する不法労働者をいわば黙認する形で放置していた。

私が紹介された仕事は、埼玉の川越にあるプリント基板の工場だった。この工場では、外国からの出稼ぎは私一人だった。仕事自体は単純労働であったが、新しい作業を覚える喜びや、工場内の日本人の同僚を通して、日本人の考え方や日本の生活習慣などを少しずつ知ることができ、個人的には非常に充実した毎日だった。取材のためのお金も貯めたかったので、私は、朝八時半から夜の九時半まで、一日一二時間働いた。一方で、日曜日などの休みを利用して、少しずつ外国人労働者の取材を始めた。

愛用のカメラを持って、群馬、茨城、千葉、神奈川、そして大阪など、外国人労働者が多い地域を訪ね歩いた。そしてパキスタン人だけではなくて、他の多くの外国人労働者たちも、日本人とのコミュニケーション不足や、言語・生活習慣の違いなど、問題や悩みを抱えていることを知った。

一番の問題は労災だった。不法滞在者として働いている彼らは、仕事で負傷したり、病気になったりしても、一切の補償を受けることができなかった。また保険もないために、高い治療費を払わざるを得ない。彼らが働く場所が、建築現場や、危険な大型機械を操作するようなところが多いため、そうした労災事故は後を絶たなかった。さらに不当解雇などの問題も深刻だった。会社側は、彼らの弱い立場を利用して、必要な時だけ彼らを雇い、いらなくなったらいつでも解雇することができた。また、いつ捕まるかもしれないという恐怖感や、家族と離れ言葉も分からない異国で暮らす孤独感なども彼らを苦しめていた。なかには、精神的な病にかかってしまう人もいた。

取材で出会った人びとのほとんどは、祖国にいる家族のため、あるいは自分の夢のために身を粉にして真面目に働いていた。一日一〇時間以上、働いている人も少なくなかった。日本語を覚え一生懸命、日本社会に溶け込もうとしている人もいた。しかし、そうした彼らをさらに苦境へと追い込んでいたのは、日本のマスコミだった。

大メディアの報道は、いわゆる「3K産業」（汚い・きつい・給料安い）が深刻な労働力不足に陥っており、好景気によってこうした現場が安価な労働力を必要としているという構造的な要因にはほとんど触れずに、外国人労働者が金目当てに日本に入り込んできているというような論調に偏っていた。また、偽造テレフォンカードの販売や、刑務所からの脱走など、犯罪的な面ばかりが強調されて伝えられる傾向にもあり、そのおかげで多数の真面目に働いている人たちまでが偏見にさらされ、日本社会からの孤立を深めていたのだった。

切り捨てられる不法労働者。そうした日本における外国人の現状を象徴するような出来事が、私のごく身近で起った。一九九〇年のことだった。川越のプリント基盤工場に勤めて、ちょうど一年が過ぎようとしていた頃、新たにバングラデシュから三人の労働者が工場に入ってきた。工場での主な仕事は、金属シートを一枚一枚、圧力機でプレスし、型をとるというものだ。作業は単純だが、数十トンから百トンもの力がかかる機械の間に手を挟んでの作業は非常に危険を伴った。ちょっとでも注意がそれたり、居眠りをして手がその間に挟まれたりすれば、骨ごと粉々に砕けてしまう。そのため、初心者は、操作を手動にし、一回ごとに機械を止めてシートを取り替える方法が一般的であった。慣れてくると足元のペダルを踏んで操作を自動にし、一定のリズムを刻む機械の間に手を入れてシートを交換する方法に変わり、作業の熟練度によって段階を分けて作業するのが普通だった。

しかし、入って一ヵ月も経たないうちに、バングラデシュから来た三人は、ペダルを踏んで作業を始めた。本来なら、始めの数ヵ月は手動で機械に慣れる必要がある。三人のうち一人を除いて、ほとんど日本語が理解できなかったので、私は何度も彼らにその危険性を説いた。また、日本人の同僚や現場の責任者にも幾度となくやめさせた方がよいと忠告した。しかし、誰も耳を貸そうとはしなかった。本人たちにしても、危ないということが実感できない様子だった。

彼らが自動で機械を操作しだしてから、数週間後、恐れていた事件が起った。お昼近くになった頃、「ギャーァ!!」という凄まじい叫び声が、工場内に響き渡った。驚いて声がしたほうを見ると、私の斜め前の機械で作業をしていたはずの一人が真っ赤に染まった左手を押さえて、呆然と立ち尽くしてる。彼が使っていた機械は、飛び散った血で真っ赤に染まり、床には赤い水溜りができていた。よく見ると彼の右手は、軍手ごと五本の指もろとも根元からざっくりとなくなっていた。

あまりの突然の出来事に、彼は何がなんだかわからない様子で混乱していた。フラフラと私のほうに寄ってくると、「ズベルさん、助けて。すごく熱い。大丈夫かなぁ、わたし死なないかなぁ」と私たちの母国語であるウルドゥー語で弱々しく言った。彼はすぐ病院に運ばれ手術を受けた。全治一ヵ月半の大けがだった。

事件が起ってから幾日も会社側は黙ったままだった。事故は明らかに会社のミスだ。社長も、現場の責任者も、危険を承知で、また十分にそれを説明することなく、彼らにその作業をさせていたのだ。しかし、原因究明や責任追及がなされるでもなく、今後どういう対処をしていくかが会社で話し合われるわけでもない。ただただ日が経っていった。

当時、バングラデシュ人の三人は、会社の二階に住み込みで働いていた。二週間が過ぎ、彼の傷も徐々に回復をしてきた頃、二階で所在なげにしている彼の姿が目立つようになった。その下では、まるで何事も起らなかったかのように毎日の作業が行なわれていった。彼にとって、会社の人間に無視されるのが一番つらいことだった。祖国に五人の子供を抱え、家計を支えるために出稼ぎにきていた彼は、働いて間もないうちに五本の指をなくすという大事故に遭い、気落ちしていた。傷が治ってもここで働ける見込みのない彼は、今後どうなるのか、と毎日悩んでいた。

一ヵ月も過ぎると、日本人の社員たちは、「彼は毎日なにをしてるの。どこか違う工場に行かないの」と、あからさまに嫌味を言うようになった。彼が自ら出てゆくことを望んでいるのが見え見えだった。他の二人のバングラデシュ人たちと一緒に、私は社長に幾度となく彼の怪我の補償について訴えたが、社長は「分かった」と聞き流すだけだった。

事件から一ヵ月半後、会社は一切の補償もせず、彼を二階の寮、つまり会社から追い出した。他の二人も一緒に追い出され、私も自らその会社を辞めた。以前から知っていた外国人労働者を支援するボランティア団体に彼を紹介し、弁護士によって、事件は裁判所へと持ち込まれた。一年間続いた裁判の結果、結局彼が勝訴して、数百万の賠償金を得た。数ヵ月後、彼が祖国に帰国したと人づてに聞いた。指のない左手とともに祖国へと帰っていった彼のことを思い、故郷の家族や友人たちに、彼はどのような日本の土産話を聞かせるのだろうか、そしてそれを聞いた人びとは、日本を、そして日本人をどう思うだろうか……。私はふとそんなことを考えてしまった。

この事件を通して、私は、不法滞在の外国人労働者の置かれている厳しい現実、そして日本社会の彼らに対する無情さを思い知った。それは、社長が他の日本人社員に対して言った言葉に集約されている。

「このままにしておいても、問題ないだろう。どうせ不法だから、何にもできないよ……」

私は、決して、日本人すべてが非情な心の持ち主だとは思わない。個人的には、日本をとても愛しているし、日本人は真面目で控えめで、そして心優しい人びとが多いことも知っている。一人ひとりと接すれば、本当に彼らは温かく、親切な場合のほうが圧倒的に多い。

実際、この会社の社長も、こんな事件が起こるまでは本当にいい人だった、というより私に対しては終始いい人であり続けた。寒い季節には、厚手のセーターやジャケットを買ってくれ、アパートの保証人になって保証金まで立て替えてくれた。また異国で一人暮らしをする私の健康を気遣って、幾度となく食事にも連れて行ってくれた。彼は本当の息子のように私をかわいがってくれたのだ。今でも、彼が温かい愛情にあふれた人であることを信じている。でも、なぜこのようなことが起こってしまうのだろうか……。この事件をきっかけにして、私の心の中には深い疑問が残った。

●表現する手段としてのビデオ

この事件が起こってちょうど一年が経とうとしていた一九九〇年の終わり、私に、ある大きな出会いが訪れた。それは「ビデオジャーナリズム」との出会いだった。埼玉で開かれた外国人労働者について話し合う会議に参加していて、偶然アジアプレスのメンバーと知り合いになった。彼に紹介されて、私は東京の目黒にあったアジアプレスの事務所に顔を出すようになった。

フリーのジャーナリスト集団であるアジアプレスでは、この時期、ビデオカメラを使ったニュースリポートやドキュメンタリーの制作を手掛けていた。アジアプレスの代表の野中章弘氏と会って話しているうちに、ビデオカメラを使って外国人労働者の現状を取材してみないかという誘いがあった。外国人労働者の実情を外国人労働者が自ら撮ってみてはどうだ、というのである。ビデオの扱い方やビデオジャーナリズムというものについて、全く無知であった私は最初とまどった。しかし、他のメンバーが作った作品を見たり、話を聞いていくと、ビデオは、文章や写真と同じように、表現の一つの手段なんだと気づいた。そして、取材の基本は写真や文章で発表する場合とさほど変わらないことも感じた。大切なのは、自分がそれで何を伝えたいのかということだった。私は、さっそく日本に滞在する外国人労働者の抱える問題を取材するための計画を立てた。

ビデオカメラが手に入ると、すぐに操作を練習した。数日間で一応の操作はマスターすることができた。また映像の撮り方は、写真で学んだことが非常に役に立った。手始めに、労災の実態を取り上げようと思った。私は知り合いのイランとパキスタンの友人たちに取材を依頼した。しかし彼らの多くはビザが切れても日本に滞在していたため、なかなか撮影には応じてくれなかった。

私自身が同じ不法の外国人労働者であったことで、最終的に彼らは私を信用して取材をさせてくれた。日本の友人の中には、彼らの実情を伝えるなんて無理だと私を笑う者もいた。しかし、私は彼らと同じ立場の人間として、社会に対して何の訴えも起せないでいる彼らの代わりに、どうしてもその現状を、そして自分たちの声を伝えたかった。また生身の人間としての彼らを表現し、日本人に見て欲しかった。そして、メディアの報道によって作られた偏見を打ち破れるようないい作品を作れる自信もあった。

私は、前述したバングラデシュ人の元同僚と同じように労災に苦しむイラン人の姿を追い、それを作品にした。また、社会問題ばかりでなく、彼らの素顔も伝えたかったので、日本人女性と結婚したパキスタン人も取り上げた。これは九四年に、三五分の番組として、衛星放送の朝日ニュースターで放映されることになった。この放送は、外国人労働者が内側から見た世界を描いたドキュメンタリーとして、友人たちはもちろん、視聴者からも好意的な感想が寄せられた。

私は、この小型ビデオカメラを使った取材から、ビデオジャーナリズムの豊かな可能性を感じた。不法滞在をしている彼らはただでさえ目立つことを恐れる。そのため、スチールカメラとほぼ変わらない大きさの小型ビデオカメラは彼らに安心感を与えた。また工場での撮影も、相手側に警戒感を与えることなく行なうことができた。何より、現場の臨場感や相手の表情の変化、感情の起伏などを表現する場合、その手段としてビデオカメラを用いるのは、写真や文章より格段に優れていると思う。

また、ビデオカメラだからこそ、生き生きとした外国人労働者の素顔を、悩み、笑い、人を愛する、そうした彼らの人間味あふれる姿を、描き出すことができたと言えるのではないか。

知ることと尊重しあうことの大切さ

新しい伝達手段であるビデオカメラを使うようになってから、私は意欲的に様々な問題へと取り組むようになった。そのうち、国際結婚を扱ったものは九四年に深夜のＮＨＫの番組で、また一九九八年から九九年にかけては、アフガニスタンやイラクなどのイスラム諸国の問題を民放テレビのニュース枠で発表した。こうして日本でビデオジャーナリストとしての仕事をしていく過程で、私の人生に大きな出来事が起った。

パキスタンを去るときは、ほんの観光のつもりで訪れた日本。しかし、そこで仕事をしながら暮らしてゆくうちに、私は一人の日本女性と恋に落ち、九六年三月に結婚した。異邦人として日本にやってきた私は、彼女と結婚したことによって、ひとつの重要なことを身をもって学ぶこととなった。それは、「お互いを知ることと、尊重しあうことの大切さ」であった。

パキスタンからやってきた私と、日本で生まれ育った彼女とは、お互い背負ってきた歴史や文化、生活環境などは非常に異なる。しかし、ふとしたことから知り合い付き合っていくうちに、そうした違いは、相手の個性だと思えるようになった。日本では、とかく偏見をもたれがちなイスラム教にも、彼女はやがて自然と興味を示すようになり、それを学び始めた。そして、すべての民の平等をうたうイスラム教の教えに共感し、もともと規律正しいことを好み、酒もタバコもやらなかった彼女は、すんなりとイスラム教徒になる道を選択したのだった。

イスラム教徒となり、パキスタンからやってきた外国人の私と結婚したことによって、彼女の

川崎市に住む
パキスタン人の家族。
家族全員でとる
パキスタン人の
典型的な夕食風景

日本でも増え続ける国際結婚。
最近は日本人とアフリカ人の結婚も
急速に増えている

厚木にある
パキスタン式ハラール
（イスラム教徒が戒律上、
飲食を許されたもの）食品店
今ではこうした店が
日本各地に
150以上あるという

生活は徐々に変わっていった。月に一度は東京のモスクに通って礼拝し、また同じような境遇の日本人妻や、あるいはアラブからやってきた女性たちと集まって、各国の料理を作って食べたりといった交流も生まれた。以前は、パキスタンという国はおろか、外国に縁遠かった彼女が、今では「国際交流」を日常生活の中で実践している。

私も、彼女を通して、日本社会をより深く知ることができた。以前は、多発する少年犯罪のニュースを見るたびに、日本社会の親子関係の希薄さがこうした事件の原因だと思っていた。母親が家にいて子供の面倒を見ているパキスタンに比べ、日本では、多くの母親が外で働いている。私は長い間、日本人のほとんどが、子供をあまり愛さないのではないかと偏見を抱いていた。しかし、結婚して妻の実家に行くようになってから、彼女の両親がいかに娘を愛しているか、大切に思っているかを目の当たりにして、こうした考えが誤りであることを知った。

私と妻は、お互いの「違い」を「知ることと尊重すること」で乗り越えてきた。そして、お互い異なることをむしろ新しいことの体験として楽しんできた。私と彼女が結婚したことによって、周りの人たちも少なからず変わった。一番変化があったのは、何と言っても、彼女の両親だった。彼女が最初、私と結婚したいという意志を両親に伝えたとき、彼らは猛反対だったという。一般の日本人の家庭なら、肌の黒いアジア人との結婚をそう簡単に許す親はいないだろう。ましてや当時、私は不法滞在者であった。彼女は実家から半ば勘当された状態のまま、私たちは友人だけを呼んで結婚式を挙げた。

しかし、時の経過とともに、両親も私との結婚を許してくれた。今では実家の両親、なかでも義理の父親は、私の仕事にも関心を示してくれ、アフガニスタンやイラクの問題などを私に聞いてくるようになった。義理の両親たちも、妻と同じで外国人とは縁遠い生活をしていたが、今では私から得た知識で、外国人労働者やイスラム問題にはかなり詳しくなったはずだ。

今、日本では、第二外国語として英語を必修にしようなどという話が持ち上がるほど、しきりに「国際化」がうたわれている。しかし、私は、自分のこうした体験を通して、真の国際化に必要なのは、英語でもお金でもない、相手を知ろうとする努力と、その違いを尊重する気持ちなのだと実感した。国際結婚の場合、男女の愛情が絡むから、特別だというかもしれない。しかし、相互理解という意味では、普遍性をもつと思える。違うものを食べていても、信仰が異なっても、そして肌の色が違っても、相手を知り、個性を尊重し、そして同じ血の通った人間なのだ、そう感じられることが相互理解の始まりだと思う。

●ビデオジャーナリストの役割とは

こうして日本で結婚し、ジャーナリストとしての仕事をしながら生活をしてゆくうえで、日本のマスメディアに対して強く感じることがある。それは、日本のマスコミ、特にテレビの報道が物事に対して時に非常に偏った見方をする傾向があるということだ。日本で初めて外国人労働者の問題を取材したときにもそう感じた。また一人のイスラム教徒として、イスラム諸国に対する報道を見たとき、それを実感する。

先日、妻とＮＨＫの番組を見ていて、思わずあきれてしまったことがあった。カシミール紛争を扱ったそのニュースでは、パキスタン軍の爆撃で多くの被害者が出たとの説明に続いて、大声で狂ったように泣き叫ぶ人びとの映像を映し出した。それを見た視聴者は当然、パキスタン軍の爆撃により犠牲になった家族が、死者を悼んで泣いていると思うだろう。しかし、注意深くその映像を見てみると、決して犠牲者を悼んで泣いているのではなかったのだ。イスラム教には、古い悲劇の物語を聞いて大げさに悲しむという儀式のようなものがある。その映像は、まさしくその儀式の一部として人びとが泣いている場面だった。私はＮＨＫに電話で抗議をしたが、ついに間違いの訂正はなされることはなかった。

他にも問題がある。日本の海外報道の映像は、欧米の通信社のニュースをそのまま流しているものが多い。自然とそれは、欧米人の目を通してのイスラム観という色眼鏡をかけた見方となる。例えば、湾岸戦争のとき、日本はＣＮＮの報道をそのまま流した。現場に行って、実際その目で現状を取材した日本の報道陣はほとんどいなかった。

言ってみれば、湾岸戦争は、イスラム国・イラク対アメリカの戦争だった。私は、決して、サダム・フセインを肯定するつもりはないし、実際爆弾が飛んでくる中での取材は命の危険と隣り合わせだ。困難な取材であることも理解している。しかし、せめて一社ぐらい、イラク側の声をきちんと独自に取材することをしてもよかったと思う。アメリカかフセインか、どちらを支持するかを決めるのは、あくまで、視聴者や読者の責任だ。大切なのは、いかに事実を正確に報道するかだと思う。

報道の自由を制限されている国からやってきた私にしてみれば、日本は天国のような場所に思えた。ところが、その実情に触れると、日本のマスコミ、とりわけテレビ・ジャーナリズムの世界ほど画一的な報道がなされるところはないのではないかとの思いを強くした。いろいろ考えているうちに、彼らの自由な報道を規制しているものとして、視聴率、もっと言えば、広告を出しているスポンサー企業の存在があると分かった。視聴者の興味をそそるような番組を作ることが、より多くの利潤を獲得することになり、よりよい番組を作ることより優先されてしまうのだ。だから、何か事件がおきると、センセーショナルに取り上げて、人の関心を惹くように誇張してしまう。

こうしたメディアのあり方が、日本社会の閉鎖性を助長しているように思える。外国人労働者を取材したときから、ずっと気になっている疑問の答え。それを考えるヒントの一つがここにあるかもしれない。なぜ一人ひとりは親切なのに、日本の集団社会は、かくも冷酷になりうるのか。一つには、メディアによって作り上げられた暗黙の了解が、彼らの中にあったのではないかと推測する。「外国人労働者＝不法滞在＝犯罪を起こす厄介者。だから、きちんと対応する必要はない……」。

マスメディアのジャーナリズムが衰退しつつあるいま、ビデオジャーナリストの役割は、大きいと思う。独自の視点を生かしたオリジナリティの高い報道、そして時代を見据えた鋭い批判が、特に日本社会で真に必要とされていると思う。私は、日本で暮らす「外国人」として、またイスラム教徒として、ひとりの子の父親として、独自の視点を生かしながら、小型ビデオカメラという「武器」を手に、これからも社会の、か弱き声や姿に光を当ててゆきたいと考えている。

潜入失敗、エティオピア

④

常岡浩介

日本

「全く困った男だ」

警察署長ハヤロムは、私を事務所の入口に座らせると、隣の交通官ソロモンの方へ顎をしゃくった。エティオピア北部ティグレ州のマイチョウで、私はアジスアベバ行きのバスからひきずり降ろされ、ハヤロムの前に引き立てられたところだった。

一九九九年七月、私はエティオピア・エリトリア国境紛争を取材しようと、エティオピアのティグレ州を訪ねていた。前年の五月、独立後わずか五年しか経っていなかったエリトリアは、イタリアの植民地時代に引かれた国境線の確定をめぐって、当時エティオピア政府が事実上領有していた国境の村バドマに侵攻し、両国の間に戦争が始まった。それから一年余りの間に両国の死者は数万人に上ったらしい。が、実際はよく分からない。

どんな戦争が続いているのか、誰も見たものがなかった。両国とも、「敵兵を一〇万人殺した」と発表している。三〇年続いたエリトリア独立戦争の死者でさえも、六万五〇〇〇人にとどまるというのに。日本ではこの一年の間に二度か三度、国際面の新聞記事で伝わっただけだ。ここに戦争があること自体、どれほどの人が知っているだろう。

「誰も知らないことなら私が伝えよう」と、意気込んで激戦地バドマを目指したものの、入国後一週間にしてバドマの手前の観光地アクスムであっさりと警察に拘束され、パスポートを押収されたまま軟禁生活が続いていた。アクスムからティグレ州の州都マカレへ送られ、尋問また尋問。ホテルの滞在は許されるものの、始終警察官の監視を受けていた。

そして今朝、マカレから首都のアジスアベバにローカルバスで護送される間に、私は警察官がいなくなったものと勘違いして、ローカルバスの窓からトレーラーに載せられて運ばれてゆく戦車の車列をポケットカメラにおさめ、たちまちにして人民情報局（PI）と呼ばれるこの国の秘密警察らしい男に取り押さえられたところだった。

NATOのベオグラード空爆を取材した日本のジャーナリストの一人は、治安警察にフィルムを奪われそうになって、隠し持っていたダミーのフィルムをとっさに撮影済みフィルムとすりかえて切り抜けたそうだ。

フィルムを要求するPIに対して、私も当然ポケットに忍ばせていた空のフィルムと戦車が写ったフィルムをすりかえようと試みた。フィルムをカメラのキャビネットから出す際に、慌てた振りをして床に落とす。拾い上げた時にはダミーフィルムとすりかわっているという寸法だ。我ながら鮮やかな手並み。ところが…

「そっちじゃない。左手に持っている方だ」

PIは表情も変えずに、私の左手をこじ開けて、戦車が写ったフィルムと空のフィルムの二本ともを奪った。

そのフィルムと私のパスポートは今や、マイチョウの警察署長ハヤロムの手にある。彼は年の頃三〇代前半で、それで既に警察署長をつとめているところを見ると、優秀なのだろう。エティオピア人の中でもティグレ民族に特有の美男子で、背が高い。喋り方にはどことなく温かみがあった。彼は既に、私に関する情報を州都マカレの警察本部に問い合わせて、事の経緯を把握していた。

最初に私を捕らえたアクスムの警察は、私のパスポートにパキスタンのＶＩＳＡが三つもあることを不審に思ったらしい。アクスムの警察署で私はパキスタンへ行った理由を何度も尋ねられた。そして、「パキスタンのスパイかもしれない男」として、続くマカレでもここマイチョウでも報告されていたようだ。

「なぜパキスタンへ行ったのかね？」

ハヤロムの尋問が始まる。

「アフガニスタンへ行くためです。日本からアフガニスタンへは直行便がないので」

「パキスタンで何をしてきた？」

「通過しただけです」

「パキスタンが戦争中であると知っていただろう」

「私が訪れたとき、カシミール問題はまだ深刻ではありませんでした」

ぜんたい、カシミール問題とエリトリア国境紛争を関連付けて考えるエティオピア人の思考パターンは理解し難い。私は街で市民と話しているときも、カシミール問題について何度か意見を求められた。彼らはパキスタン側のイスラム戦士がカシミールのインド支配地域に侵入した事件と、エリトリア軍がエティオピア支配下のバドマ地区に侵攻した今回の戦争を「同じようなこと」と考えているらしい。みな熱心にパキスタンを非難する。エリトリアのイサイアス大統領とパキスタンのナワズ・シャリフ首相（当時）が手を組んでエティオピアを破壊しようと企てている、といったら彼らは信じるだろう。

それにしても、エティオピア人はあらゆる意味でアフリカ人らしからぬ人々だ。ブラック・アフリカ、ホワイト・アフリカを問わず、アフリカの人々といえば、陽気で、歌や踊りが大好きで、いい加減で、くよくよと思い悩むことのない人々という印象があった。ところがエティオピア人はある意味ノリが悪い。酒場ではいつもガンガン音楽がかかっているのに、誰も踊ろうとしない。喋るでもなく、じっと虚空を見詰めてグラスを傾けている男たちばかり目に付く。誰もがやたらと細かいことにこだわる。私のパスポートのパキスタンのVISAにしてもしかり。ローカルバスの乗客は「冷たい風は体に悪い」とどんなに暑くても窓を開けないし、ぜんたい戦車の写真の一枚ぐらい、いいじゃないか!?

そのかわりというべきか、とても真面目だ。市民との話題も社会問題になりやすい。そしてアフリカで唯一、ここには汚職が見られないのだそうだ。確かに私を取り扱った警察官らは皆、礼儀正しく、まどろっこしいほど真面目に仕事をしていた。マカレで取られた調書の質問の中には「あなたを調べた警察官の行動に不審な点はありませんでしたか?」というものまであった。汚職防止だろう。

しかし、その真面目さのせいで、私はとんだ面倒臭いことになってしまった。

「なぜパーミッションを取らずにティグレ州に来た?」

「州都でパーミッションが取れると思っていたからです」

これは嘘だった。パーミッション(取材許可証)を取らなければエティオピアではジャーナリストの取材は認められない。といいながら現実には、情報省で前線取材を申請した外国のジャーナリストたちは首都アジスアベバで待たされたまま、一歩も動けずにそのまま帰国する羽目になっていた。パーミッションなんて取れはしないのだ。

この国では国営放送のトップが情報省のスポークスマンを兼ねている。役人は当たり前のようにプロパガンダという言葉を使う。九一年にメンギストゥ独裁政権を倒し、この国は民主化したといわれていた。確かに民営の新聞も発行されるようになり、民営テレビ局も法律上は許されるようになった。しかし、実体としては報道の自由というものはないに近い。全ては情報省の統制下にある。

今回のエリトリアとの国境紛争にしても、軍事的に優位に立つエリトリアから一方的に侵攻されて、夥しい市民と兵士を殺害されているのだから、エティオピアは堂々と国際社会に自国の立場と現状を訴えればいいのだ。エリトリアの情報省がどんどんジャーナリストを受け入れて、トップがテレビにも出演し、最前線の映像も世界に流れているのに対して、エティオピアからは何一つ情報が出ない。実際にはエリトリアには新聞発行の自由もないし、最近では大統領が閣僚をどんどん更迭して独裁化の傾向が認められるのだけれど、一見エリトリアの方が自由な国で、エティオピアは鉄のカーテンに閉ざされた悪の帝国のような印象を与えてしまう。その上、秘密警察PIの存在だ。

エティオピア人は自分で自分の首を絞めている。要領が悪いに違いない。

しかし、エティオピア人の処世術が下手くそだからといって、両国の紛争を取材しようというジャーナリストが、プロパガンダに乗っかって彼らに都合のいい情報だけを取材するというわけにはいかない。あるいはエリトリア側が取材しやすいからといって、当事者の一方だけを取材するわけにもいかない。そういうわけだから、私は観光旅行者になりすまして、パーミッションなしで近づけるところまでエティオピア側から戦闘地域に近づこうとしたのだった。

　ハヤロムの尋問が続く。

「パーミッションなしでアクスムへ行ったのはなぜかね？」

「州都マカレでパーミッションが取れなかったのですが、私は観光ＶＩＳＡを持っていました。有効期限が残っていたので、取材のためではなく、観光旅行者としてアクスムを訪ねたのです」

「観光であれ、取材であれ、外国を訪問するときは街ごとのパーミッションが必要だろう？　アメリカでもそうだし、日本でもそうじゃないか！」

　これには面食らってしまった。

「いいえ。日本でも、大抵の国でも、必要ありませんよ」

「戦車を撮影したのはなぜか？」

「窓から見て、興味深いと思ったからです」

「軍事施設と商業銀行は撮影禁止だ。そんなことは国際法で決まっているだろう！」

「国際法？　日本でもアフガニスタンでも戦車の撮影は問題ありませんよ」

「そういう事をいうもんじゃない」

　ハヤロムはますます困った顔をした。聞き分けのない子供を見るような顔だ。

「君は違法にティグレ州に入り、違法にアクスムを訪ねたのだ。その上、違法に戦車を撮影した。

いったい君のセキュリティという問題に対する認識はどうなっているんだ？　こういう事件をしでかしたことに対して、どう考えているんだ？　申し訳ないという気はないのか？」

すぐにハヤロムが謝罪を要求しているということが分かった。

「ごめんなさい」

この一週間で謝るのは何回目だろう。学生時代にアルジェリアで治安警察に捕まったときは、向こうが謝ってきた。

「せっかく我が国を訪問してくれた君に、こんな不自由な思いをさせてまことに申し訳ない。が、理解して欲しい。今は非常事態なのだ」

イランでも、イラクでも、現地の警察や軍隊の取り調べを受けたことはあったが、謝罪をさせられたことはなかった。必ず向こうが訪問者に対する非礼を詫びるのだ。

しかし、エティオピアではこちらが謝罪を要求される。アクスムでも、マカレでも、私は何度も謝った。こちらが謝らなければ、いつまでも座らされている。マカレの警察本部では調書にまで「ごめんなさい」と書かされた。

私は違法は承知の上で必要と判断した取材を敢えてしたに過ぎないのだから、後ろめたさを感じる必要はないはずだ。いわば確信犯だ。だが、「ごめんなさい」を繰り返しているうちに、自分が本当に問題児であるという気がしてきた。手に負えない生徒を持て余すようなハヤロムの視線が痛くなってきた。

●ローカル・ジャーナリスト

ほんの去年（一九九八年）まで私はサラリーマンだった。地元長崎のローカルテレビ局で、報道記者として四年半働いた。就職するまでは平和だと思っていた長崎でも、殺人事件は発生した。地元大物政治家の汚職も発覚した。県警が組織的に裏金作りをしていた疑惑も浮上した。そういった事件の取材は寝食を忘れるほど楽しかった。

なにしろこの報道記者という仕事は、私の知っている限り最高に条件のいい職業だ。給料もいいし、休暇はまともに取れば三日に一度だ。どんなお偉方とも対等の顔をして会えるし、人脈も広がって行く。それにクリエイティブな仕事だ。自分で番組を作るのだから。テレビにもラジオにも出るし、その出方にしてもお笑い番組などでなく、真面目なニュースなので、とにかく格好がいい。花形とはこういうものだろう。女の子にもモテモテだ。それでも、私は続けられなくなってしまったのだった。

ある冬の夜、長崎を出た一〇人乗りの漁船が外国の貨物船と衝突して沈んだ。乗組員の安否は分からない。私たち記者は漁船の所属する会社に張り込んだ。乗組員の家族が集まってくる。時間とともに絶望感が広がり、船乗りの妻や娘たちは泣き続けた。

上司は私に、家族のインタビューを撮るように命じた。ただし、無理なら構わない、と付け加えた。私は現場の家族の話と表情から、インタビューされることを望んではいないと判断し、しないことを決めた。ところが、私以外の記者たちは、自社の先輩たちも含めて全員がインタビューを強行したのだった。家族の誰か一人でも待合室を離れて海辺を眺めに出ようものなら、二〇人ほどの記者だのカメラマンだのアルバイトだのが一斉にあとを追い駆ける。そして彼、または彼女の口元に何本ものマイクが突き出された。

現場のクルーの中でただ一人、手ぶらで帰った私に上司は説いた。

「遺族の悲しみの声こそが事故再発を防ぐ最大の力になるんだ」

まさかそんなことはないだろう。まかり間違ってそれが事実だとしても、それは被害者や遺族に苦痛を強いる理由としては説得力がない。私には、そのために取材しているのだとは到底思えない。視聴者を喜ばせるため以外の理由はないと、素直に認めればいいのに。

一方で、長崎県警の警察官が暴力団から拳銃を購入して押収を偽装していた事件では、私以外の記者は一人として、警察幹部にマイクを向けようとしなかった。もちろん、県警は取材を拒否していた。そこで私はアポなし取材を決行した。腐敗しきった県警を取材するのには何の躊躇も要らない。私はやくざの元締めと化していた当時の暴力団対策課の幹部の鼻先に、ぐいとマイクを押しつけて、怒りで真っ赤になったぶざまな顔を長崎一五〇万県民全員にゆきわたるよう電波に乗せた。彼の家族も見ていただろう。

この取材に対して、広報課経由で当時の西村県警本部長から「厳重注意」が言い渡された。そこで私は広報課経由で県警本部長に対して、「県民に対して事実を明らかにし、取材拒否をしないよう厳重注意」を言い渡したのだが、たぶん広報課は伝えなかっただろう。

その後、さらに大きな長崎県警の内部犯罪を取材中に、警察幹部や広報課から何度となく脅しめいた言葉をかけられた。

「個人は絶対に組織にはかなわんとやから、みんな自分が可愛かとやから、自分がくびになってまで正義を貫こうとは誰もしいきらんでしょう……」

お前がいくら頑張ったって、警察はテレビ局に圧力を掛けて潰してみせるさ、ということだ。私は実際、自分の取材対象者の警察官や、やくざの構成員らを馬鹿にしきっていた。彼らはしばしば、自分たちがこれまでくぐり抜けてきた危険な場面の話を私にした。拳銃や猟銃を持った犯人とわたりあった話などだ。ところが私の学生時代のなんでもない海外旅行に比べても、彼ら地方の暴力団や警察官が数十年のやくざ稼業や警察官人生で体験してきた程度の冒険は他愛もなかった。早い話が、長崎にはどこを捜したって地雷は埋まっていないのである。

取材とは、「させて頂く」ことではなく、必要に応じて、相手の妨害をはねのけてでも実力で行なうことだ。させて頂かなくてはならないような取材は、多分はじめからしてもしなくても、どうでもいいような取材なのだ。私はそんな風に思っていた。

そんななか、社内のある幹部からはっきりと、「手を引け」という声が掛かった。ローカルテレビ局と警察には、たいていの場合強いパイプがある。私はクビになることをなんとも思っていなかった。むしろ、会社に居続けることに魅力を感じなくなっていった。

尊敬できる先輩もいた。彼は被爆半世紀の年に、アメリカの原爆投下目標がそれまで信じられてきたように三菱の兵器工場などではなく、人口の密集した市街地であったことを示す当時の資料をニュースで発表した。原爆投下の目的がアメリカ政府の公式発表でいうところの「日本の戦争遂行能力を削ぐこと」ではなく、人間の殺傷にあったことが明らかになった。このニュースで歴史が塗り替えられたのだ。友人の他社の記者はこのニュースを見て言った。

「彼は長崎唯一のジャーナリストだ」

私は尋ねた。

「では、他の記者は？」

「サラリーマンさ」

そうなのだ。報道機関で働いて私が見た人たちのほとんどは、ジャーナリストではなくサラリーマンだった。ジャーナリズムという言葉を口にする人には、よく会った。自社の上司、大手テレビ局の幹部――そういえば、マカレで会った国家の宣伝機関たるエティオピア国営放送の記者も「ジャーナリズム」を熱く語った……。ちゃんちゃら可笑しい話だ。彼らも優秀なサラリーマンだった。サラリーマンであることと、ジャーナリストであることは両立しないのではないだろうか？　しかし、前述のこの先輩記者はサラリーマンとしても立派で、社内で認められている。サラリーマンとジャーナリストを両立できないのは、この私だ。

「これがジャーナリストだ」と思う姿を実現しようとすればするほど、私はサラリーマンとして失格してゆく。サラリーマンでいることの方を、すっぱりと諦めざるを得なかった。

少年のころ、「ジャーナリストになりたい」と、思ったことがあった。まだ、ジャーナリストという言葉にマイナスのイメージを持っていなかったころだ。だらしない、「自称」ジャーナリストをたくさん見るようになって、憧れは消えた。

裁判官という職業がある。法の下に人を裁く仕事だ。しかし、人が人の絶対的な善悪を判断できるはずがない。聖書にも「人を裁くな」と書いてある。だから裁判官の仕事は本来一個の人間のキャパシティを超えている。それでも、裁判官は、やはり人間社会に、ぜひ必要な職業なのだ。これに対してジャーナリストは真実を報道すべき職業である。何が絶対的な真実なのか、一個の人間に判断ができるはずがない。同様にジャーナリストという職業も初めから存在自体に矛盾を抱えている。

裁判官もジャーナリストも、社会の中で一種必要悪でしかない存在なのだ。裁判官はまだしも、国家試験で選ばれるのだから、その責任は国家に帰する部分もある。しかしジャーナリストにはなんの免許も要らない。「おれはジャーナリストだ」と言い出して名刺に「ジャーナリスト」と刷ったときから、その人はジャーナリストということになる。強いて言えば、記者を採用した新聞社やテレビ局に選抜されるぐらいだ。

自分個人のキャパシティを超える職務を要求されてなお、ジャーナリストであろうとするのならば、せめてその人は裁判官よりも更に厳しく、あらゆる圧力から解放されて真実がなんであるかを判断するよう努めなければならない。しかし現実にはジャーナリストほど会社や上司、お役所、スポンサー、そしてご時勢と暴力に流されるものはない。

今は是が非でもジャーナリストであり続けたいとは思っていない。ジャーナリストでいることは、今や私にとって自由でいるための手段だ。自由で居られないのなら、ジャーナリズムの世界に居続ける理由はない。だから、フリーになることを選んだ。

しかし、自由でいることなんて、どんな社会人でもいろんなしがらみの中で生きていることを考えると、つまるところ社会からドロップアウトすることと同義なのだ。しがらみを切り捨てて相手を馬鹿にしきっていたから、あるいは社会を馬鹿にしきっていたから、私は警察幹部をつるし上げることができた。実際、警察の内部犯罪を取材するのに、私が使っていた方法は一種の脅しだった。重要な情報を知っていることを仄めかすと、自分の身を案じる警察官ややくざの末端の構成員たちは、身に危険が降りかからぬよう同僚や上司を売る。警察官をもやくざをも脅しを掛けて取材ができるのは、やくざ以下のやくざものだからだ。違法と知りつつ潜入取材する今の取材だって、まさしくそうだ。

だとすると、自由を剝奪されながらジャーナリストを名乗るサラリーマンもダメだが、自由を求めてサラリーマンになり損ね、ドロップアウトするやくざなジャーナリストもまたダメだ。ジャーナリストは存在自体に矛盾を内包した職業だ。だから、人生に失敗を重ねて、これ以上落ちるところのなくなったダメ人間に向いているのではないかと思う。少なくとも、まっとうな社会人にできる仕事ではない。

実際、会社を辞めることは大したことではなかった。九八年の夏にアフガニスタンでイスラム新興勢力タリバンの大攻勢が始まったのを見ると、私は退職願いを出した。学生時代から訪問していたアフガニスタンをフリーとして独立後最初の取材地にするつもりだった。退職した日付の一週間後には出国していた。

●エティオピアでダメ人間を自覚

尋問の間も後もハヤロムは私のことを「コウスケ」、「コウスケ」、と呼んでいた。パスポートにそう書いてあったからだ。彼に「コウスケ」と呼ばれているうちに、私は親に叱られてでもいるような気持ちになった。

親は昔からジャーナリストが大嫌いで、私が就職先にマスコミを志望したときも猛反対した。それより前、高校生のころまでは美大に進みたいと思っていたが、これもずっと反対されていた。両親は私が小さいころから、私が絵を志したりしないようにと、絵心の芽を摘むことに躍起になっていた。ノートの落書きが見つかると、何時間も座らされ、説教された。小学校の宿題で描いた絵さえ破り捨てられた。私は、自分がぜひやりたいと思うことはいつも周囲にとって良くないことなのだ、という強迫観念を持つようになった。

報道記者になっても、一番肝心だと思う仕事は会社にとっては不都合なネタだった。そして今、地の果てエティオピアでまで、私は「問題児」になっている。なんという一貫性だ。どこまでいっても、私はダメ人間というわけだ。どうして私がここへ来ても、「これが私の生きる道」と胸を張り続けていられようか。

ハヤロムは私の尋問を終えると、その後の手続きを説明した。彼らは私をあらためてアジスアベバへ護送するため、交通機関を手配する。おそらく、明日マイチョウを通過するマカレ発アジスアベバ行きのバスを停めて、私の席を確保することになるだろう。それまでの一晩、私はマイチョウで過ごさなくてはならない。街を歩いてもいいが、遠くへ行ってはならない。

彼は私をホテルへ案内した。一〇ブル（8ブル＝1USドル）という安さだが、清潔な毛布のついた明るいダブルベッドの部屋だ。それから、近くのレストランへ連れて行き、山羊の肉の炒め物とインジェラ（テフという穀物の粉を発酵させて焼いた酸味のあるクレープ状の食物。エティオピアの主食）の昼食をご馳走してくれた。

一方、私はすっかりしょげきっていた。取材は完全に失敗したのだ。押収されたフィルムには、戦車だけでなく、アクスムの街に集結していた民兵集団の写真などもあったはずだ。

ハヤロムは食事を続ける私を凝視しながらいった。

「アジスアベバに着いたらどうする？」

「また前線へ向かいます」

「君はパーミッションを持っていない。それは無理だ」

「何とか、方法を探します」

「なぜ前線へ行きたい？」

「日本では誰もこんな戦争があることすら知らないからです」

私は、やや自暴自棄になっていた。取材に失敗した悔しさをハヤロムにぶつけようとした。

「エティオピアほどジャーナリストにとって不自由な国はありませんよ。パーミッションなんて、誰も取れはしないんだ」

「現場の安全が確保されれば、パーミッションは出るはずだ。出ないとすれば君たちの身の危険

ティグレ州・
州都マカレにて。
前線へ運ばれる兵士たち

旱ばつで食品が高騰し、
貧しい人たちは
政府の配給で
食いつないでいた
（首都・アジスアベバ）

旱ばつの
アディグラートで
雨傘は日傘になっていた

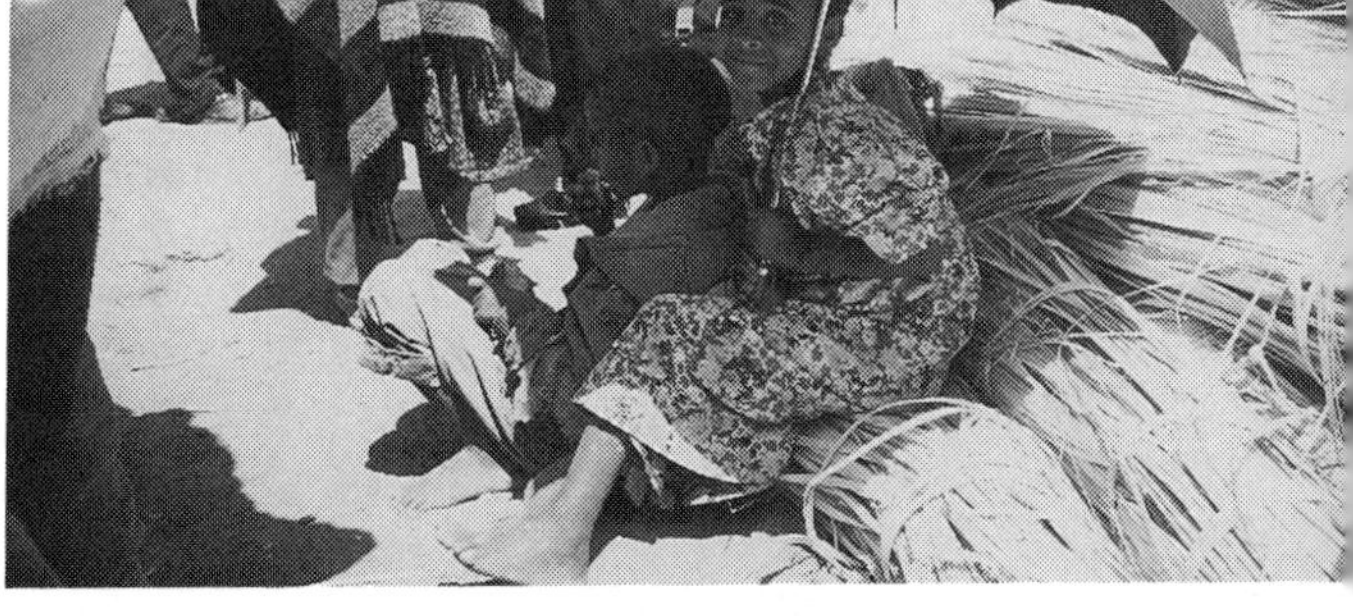

を考えてのことだ」

「ジャーナリストは必要なときは前線に行かなくちゃいけないんですよ。誰かの許可があるなしに関わらず」

これはまずかったかもしれない。ハヤロムの顔が強張った。彼の怒りが伝わった。

「パーミッションがなければ、前線にはいけない」

それだけいって、ハヤロムは席を立った。

ホテルのベッドの中で、私は恐れていた。さっきの言動がもとで、私は本格的に監禁されたりはしないか。私はパキスタンのスパイかもしれない男でもあるのだ。

しかし、翌朝8時半に私を起こしに来たハヤロムは何事もなかったような顔をしていた。私たちは広場に面したブンナベット（カフェ）で、香りのいいコーヒーを飲みながらバスを待った。ブンナベットのスピーカーからは、エティオピアの人気女性歌手ジジ・ガイヤイの歌が流れていた。エティオピアにいる間、私は毎日のように彼女の歌を聴いて、すっかり気に入っていた。ハヤロムも彼女のファンだということが分かり、その話題で盛り上がった。それから、ハヤロムが日本の食べもののことを聞いたので、私はエティオピア人が生の牛肉を好むように、日本人は生の魚が大好きなのだと説明した。

唐突に彼は私の目の前のテーブルに、私から奪った二本のフィルムを転がして言った。

「戦車が写っているのはどちらだ？　私はそちらだけが必要だ」

「多分こっちです」

私はダミーフィルムの方を指した。

「間違いないか？」

「多分……」

「間違いがなければもう片方は君に返す」

「間違いない」と一言いえば、彼は戦車が写ったフィルムを私に返しただろう。彼は私が本当のことを言うとは夢にも思っていなかったに違いない。私に騙されてやろうというのだ。しかし、私には勇気がなかった。

「確信はありません」

ハヤロムはしばらく黙って私の目を見ていた。それから、「それではフィルムを返すことはできない」といって、私のフィルムを二本とも再びポケットに戻してしまった。

やがて、交通官ソロモンが現れて、アジスアベバ行きのバスが到着したことが分かった。立ちあがる前に、ハヤロムはポケットから私のパスポートを取り出した。

「これは君のものだ」

私は自分のパスポートを受け取りながら、事態を理解することができずにハヤロムの顔を見ていた。

私はアジスアベバに護送される途中である。ハヤロムの職務の原則では、私のパスポートは本来、私が間違いなくアジスアベバに着くまで、エティオピア当局の手に置かれなければならない。私が今、自分のパスポートを受け取るということは、私は再び自由の身になって、ジャーナリストとしての私の信念に従って、エティオピア政府の方針に逆らって、実力でエティオピア・エリトリア国境紛争を取材するかもしれない。少なくとも昨日、私が彼に噛み付いた話の通りなら、私はアジスアベバ行きのバスを途中下車して、ラリベラかどこかを経由して再び前線に向かわなければならないのだ。ハヤロムはそれを知った上で、私にパスポートを返したはずだ。私に対する同情から、彼は自分の職務を一部不適切に遂行することを選んだのだ。

満員のバスに押し込まれながら、私はハヤロムの顔つきを見極めようとした。しかし、彼の薄い髭を生やした黒い顔からは何も読み取れなかった。バスの中で私は揉みくちゃになって、ハヤロムと最後の握手を交わすことさえできなかった。

そのまま、私はバスを降りなかった。カメラを取り出しもしないまま、翌日の夕方、アジスアベバのなじみの安宿へおとなしく戻り、フライトの都合でナイロビに戻った日まで、老いさらばえたかのように、ぼんやりとエティオピアコーヒーを飲んで過したのだった。

8ミリビデオカメラをもった女子学生記者

⑤

崔　貞源

チェ・ジョンウォン/韓国

幼いころ女性記者の活躍する姿を描いたテレビドラマを見たことがある。ドラマの主人公の女性記者は、権力者たちからの圧力にもめげず、貧乏な人や力無き庶民など、弱い立場の人のために取材に走りまわった。その姿を見て私も彼女のように社会から疎外された人たちの声を世の中に伝える仕事をしたいと漠然と思っていた。一九九三年慶熙《キョンヒ》大学入学後、私がキョンヒ・テレビという学内放送局に入ったのも、伝える仕事の一端を知りたいという気持ちからだった。

八〇年代韓国の民主化運動の先頭に立ったのは大学生たちである。学生たちはビラや創作劇、美術、歌の歌詞などに自分たちのメッセージを込めた。それを通して人びとに訴え、働きかけるのを常としていた。しかし、九〇年代に入る頃から次第に新しい変化が起き始めた。ビデオカメラを用いた新しい表現活動が見られるようになった。

キョンヒ・テレビもそんな変化のなかで生まれてきた報道性の強い大学放送局だった。初めてキョンヒ・テレビに行った時はその貧弱な環境に驚いた。私は仮にも放送局なら立派な音響機器、三、四台のモニター、高性能の編集機、防音装置のあるブースぐらいは備えてあると思った。しかし、案内された編集室には、8ミリビデオカメラが一台、一般家庭用の編集機二台、モニター二台が置いてあるだけだった。こんな装備では取材はおろか、放送自体が可能なのか疑問だった。怪訝そうな私の表情に気づいたのか、サークルの上級生は一つの作品を見せてくれた。

「カラオケボックス文化、このままでいいのか」というタイトルがテレビの画面に浮かんだ。九二年から学生街に雨後の竹の子のように増えたカラオケボックスを取り上げたキョンヒ・テレビの作品だった。薄暗く狭い部屋でカラオケを楽しむ二人、一人は歌に熱中し、もう一人は友人の歌には無関心で次に自分が歌う曲を探している。このシーンに最近の学生の変化がよく表れているのだという。少し前まではたぶん、学生たちが好んで集まるのは居酒屋の方であっただろうし、歌を歌うにしても大勢でにぎやかに歌う方が学生らしかったということなのだろう。

この作品を見て作り手の意志さえあれば、ごく基本的な機材でも作品はできると思った。作品を作るのは機械でなく人のやる気であった。

私はキョンヒ・テレビで初めてビデオカメラに触った。ビデオ制作は二人を一組としたチーム単位で進められる方式だった。ひとりが演出をすると、もうひとりはビデオカメラを回す。互いに役割を交代しながら作業をする。演出とカメラマンが固定していないため、今までカメラにはあまり興味のなかった私もビデオカメラを手にすることになったのだ。

九三年四月、「教育財政を確保しよう」という学生集会が開かれたときのことだ。

「貞源《ジョンウォン》、副総長室の建物前で学生たちの抗議集会があるから、取材して来い」

そう先輩から言われたものの、まだ撮影には不慣れだったので取材に向かう足取りは重かった。副総長室の建物前には既に三〇〇人ぐらいの学生たちが集まっていた。おそるおそる撮影を始めたのだが、ファインダーを覗くと、それまで気がつかなかった人びとの微妙な表情までがよく見て取れた。集会場全体の雰囲気、スローガンを叫ぶ学生たちの真剣なまなざし、その強い怒りがカメラ越しに私に伝わってくる。ビデオカメラは私の見たままを人に伝えることができる。

それからというもの、私は学内外の集会やデモ、学生の農村奉仕活動、学園祭など、大学生活の出来事を8ミリビデオカメラで撮影し、ニュースやドキュメンタリーの制作に夢中で取り組み始めた。

朝鮮南北分断五〇周年に当たる九五年八月、八七年に民主化が達成されてから、久しぶりに学生たちの運動が大きな盛り上がりを見せた。統一運動を展開していた学生たちは、

「七千万がひとつになって祖国統一を早めよう」

「行こう北へ、来たれ南に、会おう板門店で！」

をスローガンに大規模なデモを組織した。集まった一万人以上の学生が板門店を目指し行進しはじめると、デモのさらなる拡大を恐れた韓国政府は戦闘警察（機動隊）を出動させ、鎮圧行動に出た。やがて街は、コショウ弾や催涙弾で目も開けられない状態になった。

私は、学生と戦闘警察がもみ合う最前線でカメラを回し続けていた。しかし、武装した警官の強引な取締りのために、学生側に負傷者が出始めた。修羅場と化しつつある現場で、それでも果敢にカメラを回していた私ではあったが、最後はやはり権力の圧力に屈せざるをえないその情景に虚しさを覚えていた。南北分断から半世紀、すでに六〇歳を越え老境に差し掛かろうとしている世代の人たちにとって、生き別れになった家族（離散家族）への思いは一入であろう。そうした人たちの「南北統一」にかけた切実な願いが学生の運動を後押し、それ故にかつてない盛り上がりを見せていたはずであった。

テレビでも、警官隊と衝突するデモの様子は伝えられたが、その報道ぶりは過激な学生が起した「暴力デモ」の域を出ていなかった。このとき、私のなかで真実が伝えられないことへの不満

がピークに達したのだと思う。と同時に、撮る方も撮られる方も学生であり、学内サークル活動以上の社会的意味をもちえない取材および記録のあり方に限界を感じるようになった。ドキュメンタリー（的な手法）がどういうものかよく理解していたわけではないが、（単に事実の有り様を記録するだけでない）もっと深みのある映像が撮れるようになりたいとの思いが日増しに募っていった。

九六年、ドキュメンタリーについて勉強するため、私は大学に休学届けを出した。

「教室の外の子供たち」との出会い

その年、後にビデオジャーナリストとしての活動の契機となる二つの重要な出会いがあった。一つはアジアプレスのソウル・オフィス代表の安海龍《アンヘリョン》氏との出会い。そしてもう一つは私の最初の作品『教室の外の子供たち』の主人公たちとの出会いだ。

安海龍氏は従軍慰安婦問題、変わりゆく中国朝鮮族、現代自動車労使問題などを記録してきた韓国のビデオジャーナリストの先駆者的存在である。大学の先輩の紹介で初めて安氏に会った時、まず聞かれたのは「それで、何が撮りたいのですか」ということだった。私は一瞬慌ててしまった。ドキュメンタリーを撮ってみたいとは思っていたが、具体的にどういうテーマに関心があるかは考えたことがなかったのだ。

「従軍慰安婦だったおばあさんたちを取材していた当時、関心を持ってくれる人はほとんどいなかった。短期的には評価を得ることができない取材でも、記録しなければならない価値があるテーマは、時間が経つうちに必ず必要とされるときが来る。そして、長い時間をかけて取材したものが蓄積すると、自分にしかできない専門性を持てる」

安氏にそう言われた時から、私はアジアプレスのオフィスに出入りしつつ、資料スクラップとテーマ探しに精を出すことになった。

一九九六年一〇月、ソウル市内の学生街で、ダブダブの上着とズボン、馬鹿でかい靴に顔までかくれそうな帽子というでたちの、だらしなく制服を着た、いわゆる「不良学生」を真似した、男女十数人からなる中学生グループに偶然、出会った。

彼らは露天のカセットテープ屋から流れる音楽に合わせて踊っていた。しかしそのダンスは、単なる不良学生たちが集まって遊んでいるようには見えないレベルの高さだった。私は踊っている子供たちの姿に惹かれ、持っていたカメラで撮影を始めた。

「おばはん（と彼らは私を呼んだ！）なんだよ」

「ビデオカメラだ。ちゃんと撮ってくださいね」

意外な反応だった。瞬間、勝手に撮ったことに怒って、カメラを壊されるのではないかと心配したが、彼らは自分たちから私に近づき声をかけてきた。アジアプレスのオフィスに帰ってからも彼らのことが頭から離れなかった。

数日後、彼らと出会った場所に再び行ってみると、そこにはダンスを踊っていた女の子たちだけでなく、暴走族、ディスコの客引き、俳優や歌手志望などの高校生の男の子の姿も混じり、おしゃべりに興じていた。幸い、ビデオカメラで撮っていた私を覚えていた子がいて、子どもたちの輪の中に入ることができた。私は溜まり場に集まる一〇代の生活に興味を感じ、ビデオで記録しようと思った。

夕暮とともに子供たちがひとり、ふたりと集まって来る。すると、中学校の制服を着た女の子たちがたばこを吸い始めた。慣れた手つきでたばこを吸っている子どもたちは何を考えているのだろうか?

「二四歳まで生きられればいいんだ」

「三〇歳まで生きたら死ぬの。人生は太く、短く」

「生きる意味がわかりません。もう私の人生は終わっているような気がする」

今の生活には希望がないと嘆く子供たち。どう答えたらいいのかわからないまま、それでも何かしたいことはないのか、自分のどんなところを見てほしいのか聞いてみた。

「ダンス歌手になりたいです。歌もうまくて、かっこいいでしょう。とにかく人に認められたいの」

彼女たちは、いわゆる学歴社会からの落ちこぼれだった。韓国の受験勉強中心の教育システムでは、成績の悪い人間は見向きもされない。成績だけで、人を判断しがちな風潮が支配的だった。「長生きしたくない」などと半ば投げやりに人生へのあきらめのようなものを口にしながら、もう一方では「とにかく人に認められたい」とダンスで一生懸命自分の存在をアピールしようとする無邪気さ……。彼女たちの心の底を知りたいと思った。

本格的に取材を始めるにあたって、私には悩みが二つあった。ひとつは、当時まだ自分専用のビデオカメラを持っていなかったということである。たまたまこれまではアジアプレスのオフィスにあったカメラを借りることができた。だが、そう毎回借りられるとは限らない。夜遅くに取材を終え帰る途中、いつも心配になったのは、翌日カメラが使えるかどうかだった。結局、安氏のはからいでしばらくの間カメラを貸してもらえることになるまで、気分のうかない日々を過ごした。

それに、なんといってもお金が必要だった。その頃私は、知り合いから紹介された事務所でアルバイトを始めたところであった。午後六時までの勤めで一ヵ月六〇万ウォン（日本円にして約六万円）になった。休学の身には一ヵ月六〇万ウォンというアルバイト料は決して少ない金額ではなかったが、その中から取材にかかる費用を工面していくのには少々無理があった。そこで、何ヵ月かかけてまず取材費を貯めることも考えてはみたものの、彼女たちとのせっかくの縁を逃したくないとの思いから、足りない分は単発で入る結婚式のビデオ撮影の仕事などで賄いつつ取材に臨んだ。

深夜、子どもたちはグループの仲間の家に集まっていた。テレビの前に陣取り、ビデオテープを見始めた。彼女らが見ていたのは、プロのダンサーが登場して、踊りながらダンスの解説をするビデオだった。

「『カクカク』はここで手を曲げるんだよ」

「ヘッドピンで長く回るなら頭はこうやらなきゃ」

勉強には関心のなかった子どもたちが、英語まで使いながらダンスの勉強をしていることに私は驚いた。

「学校の勉強はできないが、ダンスなら私たちもうまく踊れるんだ」

ダンスのことになると、子どもたちはまるで別人であった。

彼女たちと一緒にいる時間が次第に長くなるにつれ、私は自分の考えが変わっていくのに気づいた。取材を始める前、濃い化粧、赤や黄色に染めた髪の毛、大きめの服を着てぶかぶかの靴を履いている一〇代の子どもたちを、私自身が白い目で見ていた時期があった。しかし、取材が終わる頃には、私の目線も子供たちの目線の高さに近づいていて、彼女たちのことを理解できるようになっていた。また、ダンスとはまったく縁がなかった私が、今ではプロのダンサーの踊りを見て、ダンスを見分けられるまでになってしまったのだ。ただ、私自身の硬い体と運動神経の鈍さのせいで、うまく踊れないのがもどかしかったが。

街で偶然出会ってから、子供たちと四ヵ月間を一緒に過ごし、日々の出来事を記録した私のビデオ作品は、『教室の外の子供たち』というタイトルで、九七年第二回「ソウル・ドキュメンタリー映画祭」に発表された。

初上映の日、私は出演した子どもたちを招待した。作品を見た彼女たちの反応が見たかったからだ。

「姉さん、私の顔が変に映っている」

「あの程度しか踊れないのか」

などと、画面に映された自分たちの姿を見るたびに大騒ぎだった。

映画を見終わった後、そのうちの一人から電話がかかってきた。

「お姉さん、ありがとう」

その時、私は自分の学生時代を思い起していた。朝早くから晩遅くまで大学受験のための勉強に明け暮れ、志望する学校に受かること以外に目標や興味など持たなかった……彼女らのように自分から夢中になれるものなどなかった、あの息苦しかった学生生活に思いを馳せながら、一体どちらが一〇代の若者らしい生き方なのか考えずにいられなかった。

多くの大人は外見に惑わされ、その本質を見ようとしない。そうした態度がいかに子供たちの心を傷つけるものなのか、そして世間の目に傷つきながら、それでもダンスに将来の夢を託そうとする、そんな彼女たちのけなげに生きる一面に触れられたことに私は感動を覚えていた。

初めての作品だったにもかかわらず、『学校の外の子供たち』は映画祭の「ホームビデオ部門賞」を受賞することができた。その後、韓国でも映画祭が数多く開催されるようになり、私の作品も何度か上映される機会に恵まれた。

ドキュメンタリーを撮りたい。そうした思いでカメラを回し続けた結果、一本の作品が生まれた。だが、はじめからはっきりしたストーリーがあったわけではなく、とにかく子供たちに向けてカメラを回してみよう、と現場に通いつづけた作業であった。構成もストーリーも考えずに撮った六〇分テープ、七〇本を前にして、編集作業は容易に進むものではなかった。事前に撮影すべきものは何か考えておくべきだった。この世界に足を踏み入れたばかりの私には、学ぶべきこと経験すべきことがたくさんあるということが身に染みてわかった。

●ビデオジャーナリストとして韓国で生きて行くこと

「先輩、いいビデオカメラがあれば教えてください」

『教室の外の子供たち』で賞をもらった後、久しぶりに会ったサークルの後輩が、ビデオジャーナリストとして活動している私に質問してきた。どうやら私に話しかけてきた人たちの多くは「小型カメラで一人で取材する」という取材スタイルに関心がある様子だった。「ビデオジャーナリスト」と聞いただけで、「かっこいいですね」と言う人も多く、ビデオジャーナリストについて誤解されている点が多いように思えた。

現に取材相手を前にしても、取材の動機より、「ビデオジャーナリストとは何か」の説明に時間を取られる場合さえあった。家族にも、決まった給料が出るわけでもないフリーの仕事を職業として理解させることはやはり難しく、「放送の仕事している」というぐらいが一番納得が得られやすい説明だった。

このように、韓国ではつい最近までビデオジャーナリストはほとんど知られていない職業だったのである。しかし、一九九七年に6ミリデジタルの小型ビデオカメラが発売され、何人かビデオジャーナリストの活躍が伝えられるようになると、ビデオジャーナリズムへの関心がにわかに高まった。

ドキュメンタリー専門のケーブルテレビ局（CATV）の「Qチャンネル」では、「一人（ひとり）ドキュメンタリー」システムで取材する「アジアリポート」という番組が企画された。また、同じCATVの外国語放送局「アリランチャンネル」でも「一人（ひとり）ニュース」の枠が設けられることになった。地上波でも6ミリビデオカメラで撮影・取材・放送する番組ができ始め、仕事を始めたばかりの私にとり、幸先のよいスタートだった。

「ビデオジャーナリストの崔《チェ》さんですか。今回、新番組をビデオジャーナリスト方式で制作しようと思っていますが、企画会議に来てもらえますか」

民放地上波SBS放送局で「ズームイン・フォーカス」という朝の番組を担当しているディレクターから電話がかかってきた。テレビでの初仕事に期待が高まった。

打ち合せの場所に訪れた私を、スタッフはみんなびっくりした顔で迎えた。テレビ局のスタッフからすると、自分たちのアシスタントよりも若い私が企画会議に同席するのが信じられないようだった。

「フリーランスのビデオジャーナリストと聞いて年配の人だと思ったんですが……」

「これまでどんな作品を発表したのですか?」

私が『教室の外の子供たち』を制作していなかったら、その日の打ち合わせはなかっただろう。打ち合わせに同席したディレクターが二七歳だった。私はといえば二四歳。彼らからすれば、責任ある仕事を任せられるような年齢ではなかった。

このちょっとした事件は、自分のテーマを持つことの重要さを私にあらためて気づかせてくれた。


放送は時間との戦いだった。

四分の時事リポート番組を作るために企画から撮影、編集、納品まで、一週間で完了しなければならない。かぎられた時間内でしっかり取材と編集ができるのか、私自身不安を覚えていた。

当時、韓国ではオーバーステイ(不法滞在)の外国人労働者の増加が社会問題になっており、政府は九八年三月末までに退去しない不法在留外国人に対しては厳罰に処すと発表した。出国期限の三月三一日に最後の飛行機に乗ろうとする不法在留外国人労働者へのリポートを試みるというのが、このとき私が立てた企画であった。

「三一日に取材して次の日の明け方四時までに編集テープをください」

タイミングが大事なリポートなので、テレビ局側は翌日明け方までに編集を完了するように要請してきた。

放送は翌朝、四月一日午前七時三〇分。私が取材を終え編集室に着いたのがその前の晩の夜八時。編集室に入った瞬間から緊張した。初めて通った企画だったので、どういう形で作ればいいのか、放送に至るまでのプロセスさえまったくわからなかった。サンプルなどというものはない。周りの人たちは、一人で取材から編集まで行なおうとしている私の仕事振りに注目していた。編集機の前に座って撮影テープを見始めたときディレクターが入ってきた。

「できそうですか？」

不安そうなその言葉を聞いたとたん、私はただ時間に間に合わせて編集済みのテープを渡すだけでなく、いい作品を作って見せてやる、という気持ちでいっぱいになった。

キューサインと同時に編集したテープに字幕と音響が入り、アナウンサーのナレーションが始まった。生放送の緊張感に鼓動が高まった。一瞬、空港の場面で字幕が遅く出た。画面のタイムコードと字幕のタイムコードが合わなかった。字幕のタイムコードを記入する時、誤差があったようだ。あとの字幕も全部間違っているのではと冷や汗が流れたが、幸い放送は無事に終った。

次の日の午後、担当のディレクターが私を訪ねて来た。

「いままで放送したものの中で一番、番組のコンセプトに合う作品だったと担当の部長から連絡がありました。これからもお互いに頑張ってやって行きましょう」

このことばにほっと胸を撫で下ろしたのも束の間、すぐに次の取材に入り、一ヵ月の間に二本のリポートを放送できた。企画書は毎日書いた。しかし、時間が経つほど企画書はボツになり、テレビ局では「売春行為をする不法マッサージ店」「ある晩の暴走族の実態」など、朝の眠気を吹

放課後、
盛り場のトイレで
化粧をするミュン・スク

『学校の外の子供た
の1シーン。
カメラに向かって、
(一緒に食べようと
タイ焼きを差しだし
ところ

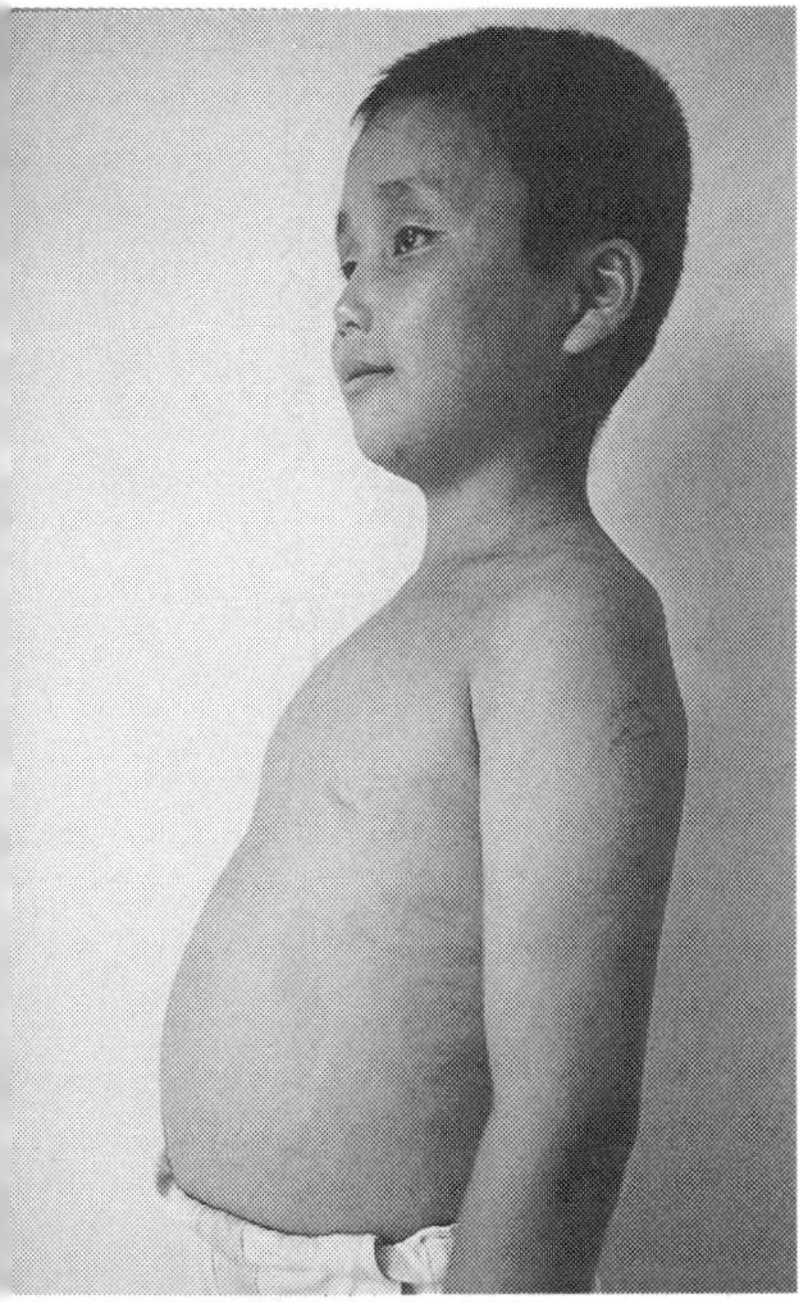

85年生まれの
難民少年
ヨンボギの身長は
131センチだった

97年に北朝鮮を脱出した
難民女性(28歳)と
中国朝鮮族の間に生まれた
生後7ヵ月になる「難民二世」
の赤ん坊。
もちろん無国籍状態である

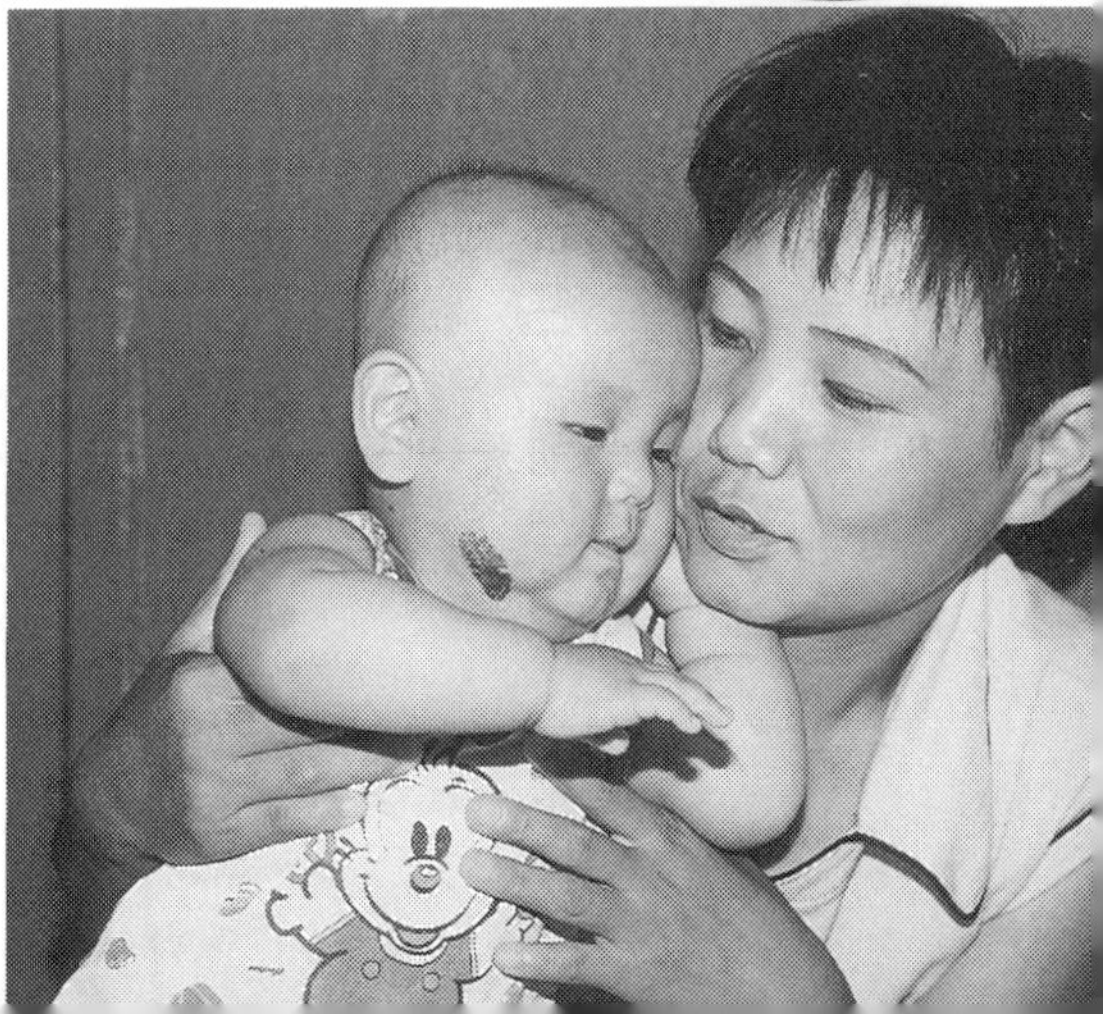

き飛ばすようなショッキングな取材を求めてきた。少ない制作費、危険から身を守ってもらえる保証もないフリーの立場を考えれば、あまりに無謀な取材だった。

他の人たちが、どんな番組を作っているのかチェックするために、ある日「ズームイン・フォーカス」にチャンネルを合わせた。

「いつも同じ場所で三十余年、ボランティアでホームレスに食事を提供してきたひとりのおばあさんが……」

ナレーションと共に画面に現れたおばあさんは、数日前に私が企画書を書いて取り上げようとした人物であった。ボツになった企画がなぜ……私はチーフディレクターに電話を入れ事情の説明を求めた。

「あなた以外にも企画書を出す人は多いし、新聞を見て企画を提出する人が多いから似たようなものになったのかな。毎日の放送で、ネタが足りなくなったら企画書の山から適当に選んで番組化することもあるし……」

最後の一言に私は、これ以上話しても無駄なことを悟った。

確かにテレビ局の仕事は、一人で取材現場を歩いてきた私に、放送制作のプロセスを勉強するいいチャンスにはなった。けれども一方で、テレビ局がビデオジャーナリストをどう扱おうとしているのか考えさせずに置かなかった。

この業界やテレビ局のスタッフにとって、ビデオジャーナリストと言えば「小型ビデオカメラを持って制作する人」ぐらいの認識しか実はなかったのである。彼らは「ジャーナリスト」の側面よりも「ビデオカメラ」にこだわっていた。つまり制作経費を節約するために安く使えるカメラマンのような認識だったのだ。

韓国でもテレビ局の仕事をしたいと思っている人は多い。特に小型ビデオカメラを持ち、一人で取材をする人が増えてからは、とりわけ競争が激しくなっている。そして、需要より供給の方が多い現状では、酷使されるのさえ当たり前のような状況に陥りがちでもあった。

「フリーのビデオジャーナリストとして生き残るためには、専門性がある自分だけのテーマを持つべきだ」

といった安氏のことばを思い出した。ビデオジャーナリストとして仕事をする以上、もちろんテレビ局と関係なく仕事をすることはできない。しかし、「自分にしかできないテーマ」なしで、テレビ局の都合に合わせながら生きていくビデオジャーナリストは消耗品にすぎない。まるで一回放送されればそれっきりの素材テープと同じように。

中朝国境の「北朝鮮難民」

一九九九年はじめ、私は宗教団体が主催した北朝鮮同胞支援の集まりに足を運んだ。会場では、飢餓で死んで行く北朝鮮難民を助けようと盛んにカンパの呼び掛けがなされていた。と、その時である、一人の中年の男性が「北朝鮮をなぜ助けなければならないのか。北朝鮮にお金や食糧を送ると戦争の準備に全部使ってしまうではないか」と大きな声で反対を唱えだした。もちろん北朝鮮の人たちを助けたいとの思いは誰しもあるけれど、簡単に手を差し伸べられないところに韓国民共通の悩みがあった。

しばらくして新聞に北朝鮮からの亡命者の人権に関する記事が出た。記事によると、「自由北韓人協会」が結成され、これからは亡命者自らが自分たちの人権問題について発言していきたいという。私はその短い記事を読んで、もっと亡命者のことを知りたいと思った。早速、協会に取材を申し込んだものの、興味本位の報道にエスカレートしがちなマスコミ関係者に不信感を募らせていた協会のガードは堅く、亡命者への取材はなかなか認めてもらえなかった。しかし、あきらめずに何回もトライした末、彼らとの間で信頼関係ができ、何人かの亡命者とも知合えた。すると、彼らは口々に信じられないような話を語ったのである。

「韓国に来るのがこんなに大変なこととは知らなかった。やっと北朝鮮から中国に脱出してきたのに、いざ亡命しようと韓国大使館に行ったら、大使館の担当者は私たちに向かってなんて言ったと思う？　北朝鮮の難民には頭が痛い、早く出て行ってくれと言うんだ。そのときの惨めな気持ちといったら……」

彼らの話を聞いているうちに、中国に脱出した後も行き場のない北朝鮮難民の姿をこの目で確かめてみたいと思った。

同じ年の7月はじめ、私は中国の東北部に位置した吉林《きつりん》省延辺《えんぺん》朝鮮族自治州延吉《えんきつ》市に向かった。

延吉市は北朝鮮との国境に近く約四〇万の人口の半分余りが、中国籍朝鮮人（＝朝鮮族）で占められている。北朝鮮を脱出した難民たちが隠れて過ごすにはちょうどよい地域だった。

私が中国で最初に接触することができた北朝鮮難民は、妻と二人の娘を連れて脱出した李氏《リ》（咸鏡北道《かんきょうほくどう》、五〇代）の家族だった。九八年一〇月に、北朝鮮を脱出してから、朝鮮族の助けを借りてこの地で潜伏生活を送っていた。家族が隠れ住む家には、常に鍵がかけられていた。ドアをたたくノックの音で相手を判断する。一番の心配はやはり密告で、万一当局に知れた場合には北朝鮮への強制送還に処せられる。九ヵ月間もそんな恐怖に耐えた、その苦労は察するにあまりある。

私が韓国から取材にきていることを告げると、彼らはこう言った。

「なんとか韓国に逃れる方法はないでしょうか？」

自分の娘のような年ごろの私に必死に助けを請う李氏。もちろん、私にはどうしようもなかったが、彼らの今の状況を世の中に訴えられれば、いずれ国際的な支援の手も差し伸べられるだろうと、そう思ったところを告げ励ました。取材の了解を得て、インタビューを始めると、しきりに彼らはカメラの動きを気にした。そして何度も何度も顔を映さないよう念を押すのだった。そんな様子からも、彼らがさらされていた危険と恐怖を実感することができた。

北朝鮮の経済難が解決されないかぎり、北朝鮮を脱出する難民は今後もあとを絶たないだろう。一方で、中国に逃れた北朝鮮難民の問題は韓国政府が直接介入できない問題である。民間レベルの非公式な援助だけが李氏のような難民たちを手助けしているのが実情だ。しかし、そのような支援には自ずと限界がある。彼らの助けになりたい……しかし一体わたしに何ができるというのだろう。取材中、そう何度も思い返しながら取材を進めた。

コッチェビと呼ばれる北朝鮮の浮浪児たちに会うため延吉市内に出た。市内を歩いていると三人の少年たちが近づいてきた。

「北朝鮮からきました。お腹が空きました。助けてください」

少年たちの名はヨンボク（一五歳）、ホンチョル（一四歳）、ヨンイル（一四歳）。小さな声で自分たちの事情をポツリポツリと訴える。

「母が体の具合が悪くて横になっています」

「父は行方不明になっています」

「弟も北朝鮮でコッチェビです」

話をするうちに、次第に打ち解けてきた子供たちは自分たちの話をしてくれた。三人とも苦しい家庭の事情の下にあるのがわかった。本来ならば親の愛情に恵まれ、楽しい学校生活を送っているはずの子供たちが、厳しい生活環境のなかで、精神的に深い傷を負っていた。頻繁に会ううちに、カメラの前でも遠慮がなくなり、ヨンボク、ホンチョル、ヨンイルは子供らしい振る舞いを見せ始めた。

韓国に帰る直前、私が泊まっていたアパートの一室に彼らを招待し、食事をしながらいろんな話を聞いて過した。子供たちと別れる際に、少ないけれど手持ちのお金を渡した。子供たちは私からもらったお金をビニール袋に入れて指の第一関節くらいの大きさにたたんだ。
「国境を渡るときはまずご飯を食べるんだ。それから、このお金の塊を飲みこむんです」
国境を渡る時、朝鮮警備に見つかるとお金を奪われるので、お腹の中にお金を隠すのだという。
「配給が不定期なので、北朝鮮の子供たちはこれぐらいのことをしないと、生きてゆけないんだ」

ときおり笑顔さえ浮かべ話す子供たち。まだ一三、四歳くらいの少年たちにはあまりに過酷な現実だが、恨みつらみを考える暇もなく少年たちは今この瞬間を生き抜いていかなければならない。そんな彼らにはたくましささえ感じる。その一方では、同世代の韓国の子供たちがコンピューターゲームに興じ、ファーストフードでお腹を満たしているのも現実だ。南北朝鮮の子供の置かれた境遇はあまりに違う。

彼らの身を案じつつも、私は予感めいたことを感じた。ここ国境の街で北朝鮮の外の空気に触れ、いろんなものを見聞きしたこのコッチェビたちは、北朝鮮にこれまで存在しなかったニューエイジである。南北の統一に向け、このたくましい小さな同胞たちが、まったく思いもかけない役割を果たすのではないかと……。

三人の子供たちは、「統一後、ぜひまた会いましょう」と言って私に別れを告げた。私は目が潤んできた。これまで、どれほどの北朝鮮の子供たちが人知らず寂しく死んでいったのか。私は一人の人間として、同胞として、ジャーナリストとして恥ずかしくなった。こうした現実に目をつむってはならない、と強く思った。

＊

周りの親しい人たちはいつも私の体を気遣ってくれている。一人で重いカメラバックを持ってあちこちを走り回ったり、編集作業で徹夜作業をする私を見て「何のためにそんな大変な仕事をしているの」と聞く。その時、私は自分の仕事について言葉に出して説明できない何かを感じる。

韓国の社会では、まだまだビデオジャーナリストは知られた存在ではない。まして韓国のフリージャーナリストの多くは各メディアの下請けのように扱われている。そんな状況の中で生き残っていくためには、やはり自分だけのテーマを持ち、絶えず研究していくことが最も大事なのであろう。

小型ビデオカメラは、手法としての新しさだけでない、ジャーナリストとしての生き方や考え方をも広げてくれる魅力を持つ。取材対象と密着し、長期間にわたった取材を可能にする。また小回りが利く分、ニュース報道にも適している。取材すべき対象は無限に近いし、そこには多くの人びととの出会いが待っている。ジャーナリストとして私に与えられた使命というものがあるとしたら、それは見えない所で助けを求めている人たちと世の中とを結ぶことだと思っている。

思えば、大学時代に8ミリビデオカメラと出会ってからというもの、私の手の中にはいつもビデオカメラがあった。やりたい取材のテーマは一杯あるが、一方で取材に入ると完成させるまでの生みの苦しみにその都度頭を痛める。それでも辛さより、楽しさとやりがいを十分に満喫している。これもビデオカメラという表現の道具が出現してくれたからだ。

今日も私はビデオカメラを手に元気よく取材に飛び出していく。いつか韓国のジャーナリズム界に大きな変化の波を起せることを信じつつ。

二人のヘレン

～わたしがビデオジャーナリストを志した理由～

⑥

森本麻衣子

日本

凍てつくような冬の夜、寒さにふるえながら外を歩いているとふと脳裏によみがえってくる光景がある。青白い街灯の光に照らされてダンボールの「家」が点々と並ぶ、大阪・釜ヶ崎の夜の風景だ。私がそこを訪れたのは、高校一年の冬だった。

釜ヶ崎は日雇い労働者が多く暮らす古くからの宿屋《ドヤ》街だ。わずか〇・六二平方キロメートルの街に二万人とも三万人ともいわれる労働者たちが集まり、建設現場などで日雇いの肉体労働をしながら生活している。ほとんどの人たちは下請けや孫受けの業者に安い賃金で雇われ、劣悪な労働条件のもとで働いている。しかし雇用は不安定で、仕事にあぶれた人々は路上にダンボールを敷いて夜を過ごす。バブル崩壊直後のその当時、仕事に就きにくい高齢者を中心に野宿をする人が増え始めていた。冬には凍死者が続出するため、ボランティアの人たちがおにぎりや毛布を持って夜のパトロールをしていた。

私の通っていた広島県の高校はカトリック系のミッションスクールで、毎年希望者を釜ヶ崎の越冬パトロールに参加させることになっていた。現地で活動していた教会とのつながりからだろう。私は数人の友人と一緒にボランティアへの参加を希望した。私たちが鈍行を乗り継いで釜ヶ崎に着いたのは、大阪には珍しく雪の積もった二月の週末だった。

釜ヶ崎は、というよりも私の記憶の中の釜ヶ崎は、野宿者に特有の臭気に満ちた灰色の街だった。今にして思えばそこにも人の生活があり、豊かな人情もあったに違いない。しかし、私はそれまで暮らしてきた世界とのあまりの違いに衝撃を受け、釜ヶ崎に住む人々の喜怒哀楽を感じる心の余裕もなかった。ひたすら自分が場違いだと感じ、昼間から街をブラついている中年の男たちの姿に終始おびえていた。ボランティアといっても何の役にも立たなかったと思う。頭でっかちの高校生だった私は、日本という国の繁栄がもたらしたひずみを見てやろうとひとり意気込んでいたのだが、自分こそその国でぬくぬくと育ってきた、ただのお嬢ちゃんなのだなあ、と思い知らされたのだった。

パトロール中の忘れられない出来事がある。ボランティアのリーダー格のトモコさんという人が、顔見知りのおじいさんのいたダンボールが消えていることに気づいた。近くのダンボールの住人が、あの人は今朝死んでたんだよ、と告げた。体の弱っていたおじいさんには雪の降る寒さがこたえたのだろう。トモコさんはその場に立ちつくしたまま、

「早く病院へ連れてってれば、死なせへんですんだのに――」

と、自分の無力さを責めて泣いていた。その側で私はぼんやりと、通りを隔てた向かい側の歩道を、飲み会の帰りらしきサラリーマンの一団が大騒ぎしながら歩いていくのを見ていた。道路のこちら側ではダンボールの中で死ぬ人がいて、あちら側ではそんなことにおかまいなく平穏な日々を送る人たちがいる。その隔たりがとてつもなく大きく思えた。そして、たったの三日間だけこの活動に参加してまた元の生活に帰っていく私は、まぎれもなくあちら側の住人だった。トモコさんと一緒に泣く資格はない。ひどくいたたまれない気持ちでいっぱいだった。

ふだんの生活に戻って考えこんだ。……自分の人生と道端で死ぬ人の人生とのこの落差は、一体何によるものなのか？　その人の能力なのか、努力なのか？　私にこの人生が与えられ、彼らにあの人生が与えられたこと自体が、ただの不条理な偶然なのではないか？　社会が理不尽な不

幸を誰かに押しつけている場所、という意味で、釜ヶ崎はきっとかたちを変えて、この世に無数に存在しているに違いない。だとしたら、通りのあちら側とこちら側の隔たり、という問題も世界中いたるところに存在しているのだろう。向こう側にいる他人の痛みは自分には関係ないよと言って、私はずっと反対側の道を歩いて生きていくのかな?……しばらく考えた後、私はその問いを「保留」することに決めた。東京に出て大学で勉強すれば、そのうちいい答えが見つかるかもしれない。だからとりあえず今は受験勉強のことだけを考えよう……

●故郷を追われた少数民族アエタの人々

それから四年たった大学三年の春、学校の授業で初めてビデオカメラというものに触れた。新しい表現形態であるビデオジャーナリズムについて、現役のビデオジャーナリストから直接学ぶというマスメディア関連の講義だった。実習として希望者に自由なテーマで撮らせてくれるというので面白半分に受講したが、どうせすぐ飽きるだろうとたいして期待もしていなかった。大学に入ってからの私は、最初は関心を持って通っていた講義もだんだん出席しなくなったり、友人との勉強会やボランティアもいつのまにかやる気より義務感で続けていることに気がついたり、何事にも本気になれない自分に失望することの繰り返しだったからだ。

釜ヶ崎の投げかけた問題はずっと心にひっかかっていたが、大学の講義の中にも法律の教科書の中にも、その答えを見つけられずにいた。新宿の地下道でホームレスの人たちを見るたびにうしろめたい気持ちになった。だがそのうち、釜ヶ崎のような場所がこの世に存在することも、自分がそれとは無関係に生きていくことも、「仕方ないよ」と言えるのが大人になることではないかという気もしてきていた。

一方、ビデオは意外なほど面白かった。操作自体は比較的簡単だが、撮影から編集まで全部自分でやってみると、映像でストーリーを組み立てるのは思った以上に難しいことが分かる。ストーリーの流れをあらかじめ想定し、それにあう的確な映像を撮らなければならないからだ。かといって、実際のできごとに対しては予定した筋書きに縛られず、柔軟に対応しなければならない。しかし、表現するということは、難しいと同時になんと楽しいことだろう！　目の前で起きる出来事をどう記録すれば自分がいちばん伝えたいように表現できるのか。そのことを撮影の現場で常に考えなければならない。そのピンと張りつめた緊張感のとりこになってしまったのだ。

最初は近所の保育園などを題材に撮っていたが、夏休みに外国でビデオを撮れば、ただ旅行するより面白いのではないかと思いついた。行き先は何となく、まだ行ったことのないフィリピンにした。自分で考えたつたない企画を、授業の講師だったジャーナリストに相談すると、どうせフィリピンに行くのなら少数民族「アエタ族」のテーマはどうか、というアドバイスを受けた。

アエタ族は、マニラの北西約九〇キロに位置するピナツボ山一帯で、自給自足に近い伝統的な暮らしを営んでいた少数民族だ。一般社会と隔絶され、アニミズム信仰などの独自の文化を育んでいたという。しかし一九九一年六月、ピナツボ山が噴火。今世紀最大規模と言われるその噴火で、アエタ族ははるか昔から暮らしてきた故郷を追われていた。

　噴火後、故郷を失ったアエタ族の伝統文化にどんな変化が起きたのか？　それをテーマにビデオを作ることになった。彼らのいる村落に泊まって撮影することになる。一人で東南アジアに行くのさえ初めてなのに大丈夫だろうか、と元来臆病な私は心配でたまらなかった。その不安にうちかったのは、純粋な好奇心だけだったとは言い切れない。

「うまくできたら、学生が撮ったビデオ作品としてケーブルテレビ局で発表してもいいよ」という、講師の一言が決め手となった。私は何も生み出せずにいる大学生活に焦りを感じる中、たとえば就職の面接試験で胸を張って語れるような、「人と違う何か」をしたかったのだ。今ふりかえると、恥ずかしくなるようなエゴだと思う。

　こうして不純ともいえる動機を胸にしまいこんだ私は、６ミリのデジタルカメラを抱えて、マニラ行きの飛行機に乗ったのだった。当初考えていた気軽なビデオ付き海外旅行が、私の心の中ではいつのまにか、「つかまなければならないチャンス」に変わっていた。


だが、初めての「海外取材」は、最初からまったく思うようにいかなかった。そもそも、フィリピンは雨期の真っ只中。私はピナツボ山の山腹にまで登って山頂付近の映像を撮る計画でいたのだが、予想以上に激しく降る雨のために断念せざるをえなくなった。

　仕方なくピナツボ山のふもとの再定住村での撮影だけで我慢することにした。再定住村とは、フィリピン政府が一〇万人にのぼる被災民のために用意した宅地のこと。その中のひとつ、ローブ・ボンガ再定住村に住む女性が、私を自分の家に泊め、村を案内してくれることになった。アエタ族の血を半分ひくヘレンおばさんだ。現地の言葉はおろかフィリピンの共通語であるタガログ語さえ話せない私のために、マニラ在住のジャーナリストが英語の話せるガイドを苦労して探してくれたのだ。

マニラからバスで五時間、ピナツボの西側のふもとにあるローブ・ボンガ再定住村には、アエタ族を含む約一六〇〇世帯の避難民が暮らしている。ヘレンおばさんは、弟夫婦とその一〇人の子供たちとともに小さな竹の家にひしめきあうように住んでいる。家族全員が私を温かく迎え入れてくれた。

到着してからの最初の仕事は撮影ではなく、少し離れた町の市場まで米を買い出しに行くことだった。ヘレンおばさんの一家には食べるものがほとんどないと知ったからだ。噴火直後の緊急援助が途絶えて以来、再定住村に暮らす避難民の多くが食糧不足に苦しんできた。政府の提供した再定住村には、宅地はあっても耕作用の土地はまったく用意されていなかったからだ。

私はただで泊まらせてもらうかわりに、一家が食べる米ぐらい買うのは当然だと思っていた。しかし、

「こんなこと頼んで恥ずかしいよ。でもマイコ、あんたは神様からの恵みだよ」

とヘレンおばさんが言うのを聞いて、複雑な思いがした。喜んでもらえるのはいいが、ギブ・アンド・テークのつもりでやったことだから、彼らのパトロンかなにかのように見られてしまうことは本意ではなかった。そんな重荷はできれば背負いたくなかったのだ。

だがすぐに、これが取材の上でも避けて通れない問題であることが分かった。次の日、再定住村の中にあるアエタ族の集落を訪ね、伝統のダンスを撮影させてもらったときのことだ。腰をかがめて激しくリズムを刻む独特の踊りが繰り広げられ、集落は歓声に包まれた。しかしダンスが終わると奇妙な静寂が訪れ、集まった数十人のアエタ族の目がいっせいに私に注がれた。期待を込めたその視線は、ありがとうと繰り返す私に対してやがて失望に変わった。私はねぎらいのしるしに、当然彼らに食糧を配るものと思われていたのだ。

屋外では雨が降り続き、撮影もままならない。自分に向けられる期待へのストレスとあいまって、私はイライラし始めた。この村が私の撮りたいストーリーにはあまり適切でないことも次第に分かってきた。というのも、ヘレンおばさんが混血であることからも分かるように、この辺りではアエタ族と町の人々との交流がもともと盛んで、噴火のはるか以前から文化の溶解は進んでいたのだ。噴火が伝統文化にもたらした変化について撮るなら、噴火前は隔絶された環境が保たれていた地域を選ぶべきだったのだ。

さらに、最悪の事態が起きた。雨が止むのを待ち切れずに撮影していたところ、降り込んだ雨でビデオカメラが動かなくなってしまったのだ。一台しかないカメラが壊れてはもう何もできない。私はショックで泣き出してしまった。ヘレンおばさんは、

「マイコ、泣かないで。私たちはあんたに会えてうれしいんだから」

と、必死に慰めてくれた。だが、カメラがなくてははるばるこんなところまで来た意味がない。それに、彼らはしょせん私が「気前のいい外国人」だから好意を持ってくれるだけではないか。

とめどなく泣く私を前に、ヘレンおばさんは途方に暮れた悲しそうな顔をしていた。

すっかりいじけてしまった私は早々とマニラに帰ろうとしたが、台風で身動きがとれず再定住村にとどまっていた。撮影は完全にあきらめていたから、数日後、突然カメラが動き出したときには正直言ってあせった。もうカメラが壊れたという言い訳は通用しない。残された時間はほとんどなかった。

何とか作品になるものを持って帰る方法はないかと考えた苦肉の策が、ヘレンおばさん一家の生活を撮ることだった。一緒に暮らしているから、数日あれば何か撮れるだろう。ただ、混血といっても、彼らの外見も生活もすでに伝統的なアエタ族の面影はない。テーマを変えて、被災民の生活に焦点を当ててみようと考えた。

ピナツボ山腹にあった一家の広い農地が土石流に埋もれて以来、噴火後八年たつ今も彼らの生活は一向に楽にならない。何とか生きていけているのは、山腹に土石流の被害を免れた小さな土地を見つけ、火山灰を取り除いて、わずかばかりの作物を育ててきたからだ。しかし雨期の間は、氾濫した川に阻まれ、その農地に行くことさえできない。私は雨で再定住村に閉じ込められた彼らの日常を、大急ぎでカメラに収めた。

日本に帰ってから、五分ほどの長さに編集してみた。しかし必死で開墾したという農地の映像がないことには、彼らの生活の現実感が出せない。ナレーションの説明に合わせる映像が決定的に不足していて、とてもどこかで発表できそうなしろものではなかった。

編集を終えてみて敗北感もあったが、それ以上に、二度と会わないかもしれないヘレンおばさんの一家のことを思い出すと胸が痛んだ。考えてみると、私は彼らの寄せてくれた好意に心から感謝したことがないような気がした。結果を残さなくてはといつもあせっていたし、援助をあてにされているだけではないかというこだわりもあった。彼らは私のどんな態度もおおらかに受け入れてくれたのに、私は何と狭量で不甲斐なかったことか。

冬休み、もう一度フィリピンに行くかどうか迷った。年に一度の大学の試験が迫っていたし、就職活動も始めたかった。あんな疲れる体験はもうこりごりだとも思った。しかし、結局行くことに決めた。作りかけたビデオ作品をどうしても納得いくかたちで完結させたかったからだ。乾季になった今なら、ヘレンおばさん一家の農地に行ける。彼らの暮らしを自分なりに真摯に描いて、むこうでお世話になった人々に恥じないようないい作品を作りたかった。

三ヵ月ぶりにヘレンおばさんたちと再会した私は、念願かなって彼らの農地に連れていってもらえることになった。水牛に引かせた荷車で六時間、私たちは土石流に埋もれた灰色の谷を進んだ。そこは何もかも死に絶えた土地だった。風の音だけが耳のそばで荒れ狂っていた。眼を上げるとはるか前方に、雲に覆われたピナツボの山頂が見えた。

私たちの他にも、たくさんの人々が山を目指していた。水牛さえ持たない家族が、父親は肩に、母親は背中に子供を負い、風の中をはだしで歩いていくのも見かけた。人々はみな、堆積した土石流が流れ出す危険があると知ってはいても、回復し始めた山の恵みに頼って生きるほかに方法はないのだ。土石流の被害が完全に収まり、被災民がもとの故郷に戻れるのは、一〇年後とも二〇年後とも言われる。それまでの間、この荒れ果てた道を何百回となく往復する彼らの果てしない営為を思うと、敬けんな気持ちにさえなった。たくましくけなげに生きる姿を、せめてしっかり映像に残そうと、夢中でカメラを回した。

不思議なことに、この土石流の道でも、その後ヘレンおばさんたちの農地に着いてからも、撮影の間中、私は釜ヶ崎のことを思い出していた。状況はまるで違うのに、釜ヶ崎で感じたのと似たような心のうずきを覚えた。それは、他人の痛みを前にした時のいたたまれなさだった。私はほんの一瞬だけ彼らの人生に邂逅し、ビデオを撮り終わるとそのまま立ち去っていく。彼らの食うや食わずの苦しい日常を分け合うこともない。やはり世界のどこへ行っても「あちら側とこちら側」という問題にぶつかってしまうのだ。

ヘレンおばさんたちに別れを告げた私は、マニラのジャーナリストの助けで、物乞いをするアエタ族を取材することになった。ふだんはピナツボ山南西部の再定住村で暮らすアエタ族が、クリスマスの時期だけ現金を手に入れるためにマニラに出てきているのだ。

五〇家族以上のアエタ族が寝泊まりしているバスターミナルの一角を最初に訪れたとき、私は思わず目をそむけた。横たわるスペースもないぐらいわらわらと人がいた。缶詰の空きカンやバナナの皮が堆積したごみの山に大量のハエが群がり、衛生状態は極めて悪い。

それはカメラを向けるのも申し訳ない気がするほどの惨めな光景だったが、逃げ出すわけにもいかない。私はペピートとエミリという若い夫婦をメインの登場人物に選び、毎日物乞いをする彼らの後をついていくことにした。炎天下、二人は子供を抱えながらスラム街の路地裏までどんどん入っていく。ヤワな私はすぐにばててしまった。物乞いは安易で楽な選択だと思っていたが、こんなにきつい（少なくとも私には）「仕事」だったとは、新鮮な発見だった。

さらに、私が思っていたほど彼らは惨めではない、ということも分かってきた。年に一度とはいえ、物乞いをせざるを得ない生活はむろんつらいものには違いない。だが一方で彼らは彼らなりにマニラという大都市を楽しんでいるように見えた。子供たちはよく泣くが、同じぐらいよく笑う。暑い国なので、ハエがいるような環境もさほど気にしているように見えなかった。それに、貧富の差が厳然として存在する現実に日本人よりもずっとなじんでいるマニラの人々には、物乞いに対する拒否反応がほとんどない。クリスマスということもあり、いやな顔もせず施しをする人が多かった。

一方私はと言えば、彼らに何をしてあげるわけでもなく、ただどこまでもうるさくついて行ってビデオを回すだけ。心苦しかった。それなのに、ペピートとエミリは私をとても好いてくれたようだ。クリスマスが終わり、村に戻る日、二人は私を手招きし、恥ずかしそうに目配せしていたが、やがて物乞いで稼いだ中から数枚のペソ紙幣を差し出した。食べ物、病気、というタガログ語の単語が聞きとれた。どうも、「これで食べ物を買って病気を治してね」と言っているようだ。私が毎日あまりに疲れきっているので病気だと思ったらしい。泣きたいぐらい彼らの気持ちがうれしかった。

この時、高校生の頃からずっと心の中でわだかまってきたものが、少しだけ溶解したような気がした。例の「あちらとこちら」というのは、必ずしも絶対的な二項対立ではないのかもしれない、と感じたのだ。苦しんでいる人間と、その人々を前にして何も与えられない（与えようとしない）自分、という構図の中では、両者はいつも絶望的に隔たっていた。けれども、誰かの痛みに満ちた人生の中にも喜びや優しさといったものがあり、苦しんでいるはずの当人から逆に何かを与えられることとさえあるのだなあと、この時初めて実感したのだった。

それは、ビデオがあったからこそ分かったことだった。もし私がフィリピンで、ただの旅行者として物乞いと遭遇していたら、かわいそうで目を向けることさえできなかっただろう。彼らは遠く隔たった「あちらの」人々として、視界の隅を通り過ぎただけだっただろう。ビデオを撮る目的があったからこそ、彼らと日常をともにし、彼らを近く感じることができた。

このフィリピンへの二度目の旅を終えたとき、ビデオジャーナリストになろう、という気持ちはほぼ固まっていた。出発前、私は帰ってきたらすぐ大手のテレビ局への就職の準備を始めるつもりでいた。「小型ビデオを武器に、ひとりで世界を記録する」というビデオジャーナリストの理念に共感はしても、自分がそれを引き受ける気はまったくなかったのだ。だが理念では動かされなくとも、フィリピンでカメラを回していたときの感覚には心動かされた。それは、他人を撮っていながら実は、カメラのこちら側でたったひとり、他人の人生をどう受け止めるのか自分自身のあり方を問われているという、ずきずきと痛むような感覚だ。釜ヶ崎からずっと抱えてきた自分への違和感と向き合うために必要なのは、現場のあの感覚だと思った。これ以上「保留」するな、という声が心の中で聞こえて、ビデオジャーナリストという選択はもう職業の問題ではなく、生き方の問題になっていた。

帰国後、一〇時間近いテープを編集して一〇分ほどの作品にした。編集は自分の撮影の不充分さを思い知らされる点ではつらいが、撮影中の消耗感に比べたらたいしたことはない。むしろ現場での疲労に満ちた心の痛みを表現に昇華できる、一番楽しい作業だ。映像の切り貼り具合で現実とかなり異なるストーリーも作れてしまう、誘惑に満ちた作業でもある。ヘレンおばさん一家のつぎだらけの服、泣き叫ぶ物乞いの子供たち、といったシーンを集めれば「かわいそうな被災民」の話ができあがる。その方が簡単だったが、自分が肌で感じたことに忠実でありたかったから、ガハハと笑うヘレンおばさんの家族、はしゃぐ物乞いの子供たちなど、人々のたくましさを感じさせるカットをたくさん入れるようにした。

できあがった作品は最初の約束通り、ＭＸ（東京メトロポリタン）ＴＶの「学生たちが撮ったアジア」という二時間の特別番組で、他の学生の作品とともに放送された。視聴者からのファックスが二枚届いた。小さくとも反響があるということは、想像以上にうれしいものだった。出会った人たちの姿に心を動かされて自分なりに思いを込めて作った作品が、電波を通じて、会ったこともない誰かの心に届いたのだと思うと、くすぐったいような感じがした。

むろん反省点も多い。私は被災民の話は作ったが、アエタ族という当初のテーマには迫り切れなかった。企画よりヘレンおばさん一家への思い入れを優先させてしまったためだ。プロのジャーナリストならば許されないことだ。また物乞いをするアエタ族に関しても、貧しくともたくましい、というパターン化された描き方に陥っていなかったか。大都会で物乞いをするという体験が、彼らの民族としてのアイデンティティーに及ぼす影響をどう表現したらいいのだろうか。押し寄せる都市文明の波の中で、伝統はどうなっていくのか。世界中で多くの豊かな民族の文化が直面してきた問題だけに、いつかは真剣に取り組んでみなければならないと思う。

●華人系インドネシア住民の悪夢—殺人犯への取材—

こうして決意を固めた私は、大学生活を続けながらフリーランスのジャーナリストのネットワークであるアジアプレスの仕事に参加させてもらうことにした。とにかく一刻も早く「現場」に出たくてたまらなかったのだ。経験や技術は皆無、取材したいテーマさえこれといってなかった私だが、そんなやみくもともいえるやる気に対して、アジアプレスは寛容にもチャンスをくれた。ちょうどその頃、アジアプレスは東ティモールの独立問題やイリアンジャヤ（西パプア）・アチェの分離独立問題など、インドネシアの取材に多角的に取り組もうとしていたこともあり、私に「迫害される華人系インドネシア人」というテーマを与えてくれたのだ。

テーマをもらったその日から、私は資料に埋もれて勉強を始めた。深刻化する経済危機の中、一九九八年五月にインドネシア全土で暴動が起きたことも、その結果スハルト体制が崩壊したことも記憶に新しかった。だが暴動の中で華人系住民が襲われたことは覚えてはいても、その詳しい実態や背景となるとあまり知らなかった。

実は、華人系インドネシア人は九八年の暴動に限らず、一〇年から二〇年に一度の割合で大規模な暴動が発生するたびに、プリブミと呼ばれる土着のインドネシア人から民族的憎悪の標的にされてきたのだという。それは、人口のわずか三％に過ぎない華人系の住民が経済的実権の大部分を握っているためだと一般に説明される。華人系住民への潜在的な嫉妬や不満が、暴動の際に一気に顕在化して爆発するというわけだ。九八年五月の暴動では、各地で華人の商店や住宅が放火や略奪の対象となり、華人女性に対するレイプ事件も頻発したという。

私は華人系住民に対する迫害の中でも、ジャカルタだけでも百六〇件に上るというレイプ事件に焦点を当て取材することになった。華人問題全般については、すでに中国系シンガポール人の符祝慧《フー・チューウェイ》さんが取り組んでいたからだ。特に関心のあった問題というわけではなかったが、自分と同じ年頃の女性であるレイプの被害者たちに対してなら共感できるだろうし、取材もさせてもらいやすいだろうと、ずいぶん楽観していた。どれだけ困難なテーマに向き合おうとしているかも知らず、私は頭の限界容量まで知識を詰め込んで、番組制作の可能性を探るリサーチをするためにジャカルタへ向かった。九九年三月のことだ。

ジャカルタでは華人系インドネシア人の女子学生と組んで仕事をすることになった。彼女の名も偶然ヘレンという。あのピナツボ山のヘレンおばさんは、「私はマイコの通訳よ！」と村中に自慢していた割にあんまり英語ができなくて微笑ましかったが、今度のヘレンはニューズウイークの記者の通訳兼コーディネーターもした経験があるとかで、流暢な英語を自信満々にしゃべる。

土石流の谷を
ピナツボ山へと向かう
被災民の一家

放火され
焼けただれたビル。
暴動後１年たっても
廃墟をさらしていた

学生たちのデモ。
「インドネシアには
軍はいらない」と歌う

えらそうなやつだ、という第一印象だった。むこうがどう思ったかは分からないが、同じジャーナリスト志望、しかも同い年ということで、私を相当意識して待っていたようだということを、あとから聞いた。

こんなふうに出会いは少しぎこちなかったが、仕事が始まると、いやでも二人で結束せざるを得ない状況になった。予想に反してリサーチがまったく進まないのである。特に、様々な情報提供をしてもらえると期待していた人権団体のガードが固いのには、本当に参ってしまった。私たちはリサーチ段階の最低目標として、レイプの被害者に会って事件時の状況を聞き出すことを考えていた。ところが訪れたどの団体でも、広報担当者が報告書で既に発表されている数字を繰り返すばかり。被害者はもちろん、被害者と直接接しているカウンセリング担当者に会わせてもらうことさえできなかった。

「私たちの欲しいのは統計じゃなくて事実なのに」

二人とも、取材が不発に終わるとそのたびに失望し、一緒にため息をついた。

もちろん、人権団体がジャーナリストへの情報提供にここまで神経質になる理由は理解しているつもりでいた。被害者の受けた心の傷はあまりに深いだろうし、また被害者の未来のためにプライバシーは充分に保護されなければならない。だがそれにしても、プライバシーへの配慮は絶対に必要だが、何が起きたのかをまず明らかにしなければ、華人系住民をとりまく社会の状況は変わっていかないのではないか、と私は少し不満だった。

だがこんなふうに憤慨すること自体、私が華人系住民の状況を本当には理解していなかった証拠だろう。実は、略奪・放火を扇動しレイプを組織的に行なったヤクザふうの男たちがいたという多くの目撃証言があり、暴動は自然発生的に起きたものではないと言われている。その背後で、スハルト体制への人々の不満をそらせようと軍の一派が動いていたのではないかとも噂される。しかも、人権団体で証言しようとするレイプ事件の被害者やその家族に対する脅迫は今でも続いているのだ。私はこうしたことを出発前に読んだ資料のどこかでは目にしていたとは思うのだが、情けないことにそのことの重みにまったく思い至らなかったのである。

暴動の被害者が直面しているのは、現在進行形の恐怖だ。それに比べればプライバシーといった言葉が甘っちょろく感じられてしまうほどの、ずしりと重い恐怖である。

このことを感覚で理解できるようになったのには、インドネシアに生まれ育ったヘレンの存在が大きかった。リサーチの成果は芳しくなかったが、ヘレンのおかげもあって個人的にはいくつか収穫があった。特に印象的だったのは、「殺人犯」に会ったことだ。

私たちは、レイプ事件に関連して九八年一〇月に起きたある殺人事件についても調査していた。レイプの被害者の救済活動に関わっていた華人系の女子高校生が惨殺された事件だ。「活動をやめないと殺す」という脅迫状を彼女の家族が受け取っていたことから、この殺人事件の背後に、レイプ事件の真相究明を阻もうとする何者かの存在があるのではないかと言われた。ところが警察は隣家に住む若い男を逮捕、たんなる強盗殺人事件として処理しようとしたため、真相を隠蔽しようとしているのではないかと批判されていた。

私たちは関係者を訪ね歩いたが、事件から既に半年が経っていたこともあって、目新しい証言は得られそうもなかった。そんな時、ヘレンが拘置所にいる犯人を訪ねて直接聞いてみよう、と言い出した。日本人の常識からすると、絶対に無理なことだ。だがヘレンは、

「この国の拘置所の規律なんていいかげんなんだよ。やってみなきゃわかんないでしょ」

と言い張る。意気込みに押し切られ、こわごわジャカルタ市内にある拘置所兼刑務所の陰うつな建物の前に立った。

なんと、門衛は英語に気おくれしたのか拍子抜けするほど簡単に扉を開いた。私たちは慈善団体の仕事で犯人に母親からの差し入れを届けに来た、などと支離滅裂の嘘をついているにもかかわらず、身元のチェックは一切ない。中に入ると、鉄格子の向こうから英語で話しかけてきた男がいた。不法入国で服役中というその香港人は、一日五〇万ルピア（約八〇〇〇円）で看守たちをてなずけ「自由を買っている」と言う。奇妙なことに、その囚人が犯人を監房から探してきて会わせてやると言い出した。これにはヘレンも戸惑った。彼を信じていいのか。私たちは看守たちのまとわりつくような視線を意識して体をこわばらせながら、アフリカ系の囚人たちがうろつく廊下を抜け、エアコン付きの彼の「個室」に通された。半信半疑で待っていると、やせた若者がおどおどと現れた。犯人とされる男だ。

誰かから金をもらって真犯人の身替わりになったのではないか、という私たちの問いを男は終始否定した。その真偽のほどは分からなかったが、何よりも印象的だったのは、彼が帰ろうとする私たちに向かって、

「もうずっとここにいるんです。耐えられません」

とつぶやいたことだ。拘置所に入ってからの正確な日数を何度も繰り返すその様子は、激しい不安にさいなまれているようだった。聞けば弁護士の面会も絶え、裁判の日程も知らされていないという。とにかく早く裁判を行ない刑を確定させて欲しい、と必死で訴える男が哀れにすら思えた。

この体験がリサーチの上で成果につながったわけではない。だがこのとき初めて、インドネシアに巣食う病根の一端を少しだけ垣間見た気がした。それは、法の不在である。不透明なシステムのもと、どれほど多くのことがうやむやのまま闇に葬られてきたのだろう。

そしてそのような国で、華人というマイノリティーとして生きていく人生には、どこまでも不安感がついてまわることだろう。その不安が現実の悪夢になったのが、あの暴動だ。しかも華人系住民が襲われていた間、警察はほとんど動こうとしなかったという。それを目の当たりにした時の彼らの気持ちを考えると、気の遠くなるような感じがした。それは、国民として国家から守ってもらえることが当然だという感覚の染みついた私が安易に「共感」などした気になってはいけないような、恐怖、そして絶望だったに違いない。

●●●他人の不幸で稼ぐ職業……

それからしばらくして、インドネシアは一九九九年六月の総選挙を間近に控えて再びメディアの注目を集め始めた。レイプ事件に関するリサーチは進んでいなかったが、暴動一周年ということもありニュース番組の特集枠で華人系インドネシア人をテーマに取材することになった。放送枠としてはNHK衛星第一の「BS22」という番組に打診していた。テーマ的には問題ないが採用されるかどうかは「出来しだい」、ということだったから、私は胃が痛くなるようなプレッシャーを感じながら取材を再開した。

五月初旬。一ヵ月後に選挙を控え、ジャカルタはお祭り騒ぎだった。インドネシア国民にとって実に四四年ぶりの自由な総選挙。人々が熱狂していたのも無理はない。だがその一方で、選挙中の混乱が再び一年前のような暴動に発展することを怖れ、ひっそりと家に閉じこもる華人系住民の姿があった。

再会したヘレンと私は、前年の暴動で略奪か放火の被害にあった華人を探し、彼らが不安の中で選挙の行方を見守る様子を撮ることにした。総選挙に沸き返る人々とのコントラストを強調することで、選挙のサイドストーリー的なものが作れればと思ったのだ。

だがやはり、カメラに敢えて顔をさらそうという暴動の被害者を見つけるのは大変なことだった。しかも、ストーリーを分かりやすくするためにはできるだけ深刻な被害を受けた人を番組の主人公にたてたい。いきおい、集めた情報の中から、より苛酷な境遇にいる人を選別して取材を打診することになる。放火で店だけを焼かれた人より、家も失った人を。すぐ商売を立て直せた人より、そうできずにいる人を……。

「こういうことやってると、ジャーナリストって、他人の不幸で稼ぐ職業なんじゃないかって思えてくるよ」

と私はヘレンに言った。ヘレンはちょっと皮肉っぽく答えた。

「そうね。人の不幸で稼ぐ……ねえ、それってフェアーかね？」

もちろん二人とも本当にそう思っているわけではない。もしそうならすぐやめてしまうだろう。でも、こういうふうに弱気になってしまう日が時にはある。

何日も探し回ってやっと、コンピューター店のオーナーが会ってくれることになった。三五歳になるアミンというこの男性は、気持ちいいくらい率直な人だった。取材の意図を説明する私たちの言葉にじっと耳を傾けていたが、

「カメラの前に私の生活をさらして、それで現状がどう変わると言うのですか？　政府に目をつけられて状況が悪くなりこそすれ、良くなりはしないのではありませんか？」

と、こちらの目をまっすぐに見つめて尋ねた。

「すぐには何も変わらないかもしれませんが、事実を事実としてできるだけ多くの人に知らせることが変化の第一歩だ、と私たちは信じています」

と、私たちは必死で答えた。こんなものは説得のためのレトリックにすぎないと言われるかもしれないが、少なくとも嘘や誇張はない、私たちに言える精一杯の言葉だった。アミンはしばらく

黙っていたが、やがてにっこりと笑って答えた。

「オーケー。あなたたちを信じます。ただし、顔は撮らないようにしてください。ヤクザの組織に目をつけられるかもしれないからね」

暴動にヤクザの扇動者がいたこと、その背後に軍の一派がいたかもしれないこと、にも関わらず政府の調査は一向に進まず、実行犯に対する法的措置がとられる様子が全くないこと、などを考え合わせれば、暴動の被害者が告発より沈黙を選んだとしても無理はない。彼には勇気があった。それに、普通と違うことを面白がれる性格でもあったのだろう、テレビの撮影特有のおかしな注文にも喜んで応じてくれた。自分の店があったコンピューターセンターに案内してくれ、焼け跡にたたずむ後ろ姿の映像を撮らせてくれたのだ。そこには、略奪と放火で廃虚になったビルが、今も暴動の爪痕をさらしていた。華人二世として赤貧の中から出発し、やっと手に入れた彼の店は、灰色の瓦礫に変わり果てている。

それでもアミンは再起を誓っている。海外に逃げる華人もいるが、生まれ育ったこの国のビジネスチャンスを熟知しているだけに、インドネシアを離れる気はない。だが妻子はすでにアメリカに逃がした。国家の紐帯維持のために愛国教育が盛んになされているインドネシアでは、海外に逃げる華人が「非愛国的」だと非難されることもある。彼は言った。

「私はもう中国人ではなくてインドネシア人です。でも、ひとたび暴動が起きれば華人というだけで女性がレイプされるような『祖国』で、自分の娘を育てられるでしょうか」

そこには、祖国への愛と憎しみの間で引き裂かれた華人の悲しみがあった。

ヘレンもまた華人系インドネシア人だ。彼女がそのことをどう思っているのか、じっくり話し合ったことはあまりない。華人を取材する上で客観性を損ねると思っているようで、身元を明かさず日本人の振りをしたりするのが私には歯がゆかった。華人同士でなければ迫れない心の内まで取材してほしかったからだ。二人の違いは、取材対象にぴったりと寄り添うようにして作られたドキュメンタリーが私の憧れなのに対し、ヘレンが事実と談話で構成されるニューズウイークをもっぱらお手本にしてきたせいもあるだろう。

もっとも、ヘレンは冷静なだけでは決してなく、むしろ興奮するととまらなかったり、妙な愛敬のあるやつではある。ジャカルタ滞在中に、暴動の引き金となった軍による学生射殺事件から一周年のデモが行なわれた日の興奮ぶりはすごかった。何十台というバスの屋根までびっしり埋め尽くした学生たちが、大通りを行進するのを見た私たちは、華人という自分たちのテーマをしばし忘れ、思わず撮影に向かっていた。ヘレンがフィルムを買いに行っている間に私はいてもたってもいられなくなり、バスの屋根によじ登り、こぶしを振り上げる学生たちの横顔を夢中で撮影した。ヘレンは私を見失って相当あせったが、あんたの友達はあそこにいるよ、と周りの人がすでに遠ざかっていたバスの屋根を指差して教えてくれたらしい。タクシーで追いかけてきて、ぷんぷん怒りながらバスにのぼってきた。しかしヘレンもそのうちデモの空気に興奮しはじめたようで、

「ねえ!　もし私がニューズウィークの記者だったら、今日の記事には『学生たち、再び街頭

へ』っていう見出しをつけるわ!!」

と、こっちに叫んできた。

「この国の未来のために祈って、マイコ!!　もう学生がキャンパスを出てデモをしなくてもいいような日が来るためにね！　私はその日のために働きたい!!」

この日の出来事は、さしたる混乱もなく、残念ながらニューズウイークに載るようなものではなかった。それに、もう学生がデモをすることもなくなった国に住んでいる私には、何かを変えなければいけないし変わるのだ、と人々が信じているこの空気が、むしろ少しうらやましく感じられたことも確かだ。でも私はその感想をヘレンに言わなかった。


こんなふうに一日だけ脱線はしたが、あとは取材期間をぎりぎりまで使って考えつく限り必要な映像を撮った。ジャカルタを発つ日、ヘレンとアミンが空港に送りに来てくれた。

「二人の作った番組はきっとＮＨＫで放送されるよ。日本の人が少しでも華人系インドネシア人の気持ちを理解してくれるように、祈ってるよ」

と、アミンは顔全体をほころばせて笑った。またプレッシャーで胃が痛くなった。

ベストは尽くしたつもりだったが、日本に戻ってきて編集してみると、やはり足りない映像がたくさんあった。絶望的な気分で、仮編集した素材をＮＨＫのディレクターのところに持ち込んだ。

映像の稚拙さだけで却下されるだろうなと思っていたのに、ディレクターに指摘されたのは意外にもテーマの切り口そのものだった。選挙の陰でおびえる華人系住民の姿は充分撮れているが、逆にこれまでとは違って積極的に政治に関わろうとしている華人の姿はないのか、と聞かれたのだ。むしろそちらの方が重要だという。華人中産階級の間で、各地域の有力政党を積極的に支援することで安全を確保しようとする新しい動きがあることなど知ってはいた。しかし、「暴動から一年。被害者たちは今どうしているのか」という視点にこだわっていたため、新しい動きはほとんど取材できていなかった。撮っていないものはどうしようもない。番組はボツになった。

ディレクターと別れた後、ダメだった理由をいろいろ考えてみた。結局そもそもの食い違いは、「何が変わったか」というストーリーを求められていたのに、私は「何が変わっていないか」という話を作ってしまったところにあるようだ。新しいことを伝えるのが「ニュース」だとすれば、私にはその視点が欠落していたわけだ。

だがそれにしても、とだんだん悔しさが込み上げてきた。たとえ結果的に採用されなかったとしても、なぜこういう視点で取材を試みたのか、説明する努力はすべきだったのではないか。スハルト体制が崩壊しても一向に癒やされることのない華人の悲しみを表現したくて、この番組を作ったはずだ。それなのに、日本の人にあなたたちのことを伝えます、と約束しておきながら、私は目の前にいるディレクターひとり説得しようとしなかった。それどころか、取材や映像の未熟さを指摘されずにすんだことに安堵感すら覚えて、こういう理由じゃしょうがないよね、と心の中で自分を慰めたのだ。ボツになったこと自体より、最後の最後で自分にできる精一杯のことをしなかった、そのことの方が悔しかった。

アジアプレスへの申し訳なさはもちろんあったが、何よりも、アミンが空港で見せた笑顔が頭から離れなかった。信じてくれた人を裏切った、と思った。

ジャーナリストなんだからと、ことさらに多くのものを背負う必要はないだろう。ただ一つだけ、つねに背負わなければならないものがあるとすればこういうことかもしれない、とその時思った。それは最後の瞬間まで、取材させてくれた人を裏切らない努力をすることだ。能力がないのは仕方ない。自分にできることはすべてやったと言えるかどうかだ。

その後、人権団体の作成したレイプ事件に関する報告書を手に入れた。一年かかってまとめられただけあって、単なる統計に終わらない「事実」が衝撃的に明らかにされている。公衆の面前で裸で踊るよう強要されたうえ、輪姦され、燃え盛る火に投げ込まれた女性。目の前で母と妹を強姦されたうえ、殺された男性。凄惨な事実の数々に、思わず読み進めることを拒否したくなるほどである。これまで被害者側のことだけ考えてきたが、いったい人間がなぜこんなことをできるのかと、加害者の心の闇にも思いをはせるようになった。

インドネシア社会の闇、そして人間の心の闇――。政治やシステムが人間を歪めるのか、それとも人間の中に潜む獣性が歪んだシステムをつくりあげるのか。そんなことを考える上でも、インドネシアは興味深い国だ。できれば卒業したらすぐ、もっと本格的に取り組んでみたいと思っている。

私はまだ自分でテーマ設定すらできないし、ビデオの技術面の課題も山ほどある。多分まだ半人前ですらない。でもなぜか志だけは妙に高い。大学ではまがりなりにも政治を勉強したので政治や社会の文脈をおさえつつ、生きることの本質に迫るような、人の人生に肉薄した作品がいつか作れたら、と毎日夢みている。

何かを記録することはできても、それを直接変えることはできない仕事だ。それをつらいと思うときはこの先何度もあると思う。ただ、自然科学や社会科学の力で人間の暮らしを変えようとすることも必要だが、その姿を有りのままに記録することでしか昇華されない、人間の存在自体の重みもあるのではないか。

取材でどこかの国に出かける前の晩は、荷造りをしながらいつも憂鬱な気分になる。もともとなまけもので、家にいた方が楽に決まっているのになぜ出かけるのか？と自問自答する。でもやっぱり出かけてしまう。やめられないのは、結局楽しいからなのだろう。自分自身を問われ続ける激しい消耗感はいつもあるが、つねにそれを少しだけ上回る楽しさがある。撮っている間は、自分が生きている、という感じがするのだ。

再びカメラバックを背負うその日まで

⑦

・・・・ ・・・・

具　永鳩

グ・ヨング/韓国

「あんたは韓国人だろう。なのになぜ韓国の恥を取材し、日本で放送しようとするのか」。取材の間、何人もの人からそう言われた。日本で韓国のことをやるのであれば、他に取り上げるべきテーマはいくらでもある。お前は韓国人のことを日本に売るつもりかと言いたかったのであろう。韓国人のプライドに傷をつけるような内容が外国、とりわけ日本で放送されることへの抵抗感は根強い。それはジャーナリスト同士でもそうだ。韓国放送公社（KBS）の東京特派員のひとりからは、「そんなものやったら韓国にいられないよ」といわれたことを今でも覚えている。

最初からそうした周囲の反発は予想していた。確かにそのとき私が手懸けようとしていた「コテグリ船」（小型底引き船を指す）はしばしば日本の領海を侵犯し日本海で禁止された不法な底引き網漁を行ない、日本側から激しく批難されていた。それだけに韓国側がコテグリ船のリポートに神経質になるのも無理はない。しかしだからといって、（韓国人だからとの理由で）韓国の利益になるものだけを取材し、放送するべきなのだろうか……周囲の厳しい目とは裏腹に、私の意志は固まっていった。

●不法底引き漁船コテグリ

初夏の強い日ざしが照らす一九九八年六月末、私が訪ねたのは韓国第二の都市釜山。

韓国最大の貿易港である釜山はもともとが漁師たちの街としてよく知られている。市内随一の繁華街である南浦洞《ナンポードン》からほど近い、チャガルチ市場はいつも大勢の買い物客で賑わっている。市場の周辺には魚屋や刺身屋がびっしりと軒を連ね、お客さんへの掛け声が威勢よく飛びかう。市場で卸された魚介類はここから全国各都市に運ばれ、人びとの旺盛な食欲を満たす。

ここ釜山に〝コテグリ〟と呼ばれる船の港があるのを知ったのは半年ほど前のことであった。この聞き慣れない、コテグリという言葉の語源はもともとが日本語の「手繰《たぐ》る」からきたものだという。小手繰りがコテグリに変化し、手で手繰る小さい船のことを韓国ではコテグリと言うようになったそうだ。

釜山市の都心から南へ、車で約三〇分ほどのところに多大浦《ダデポー》という漁村がある。釜山の西側を流れる洛東江《ナットンガン》の河口と接している多大浦は豊かな漁場に恵まれた漁村だった。しかし、一〇年程前から進められた住宅開発の嵐が村の姿を一変させた。一五階から二〇階ほどの高層マンションが町の至る所に建ち並ぶ様子を見れば、ここが漁村であると気づく人は少ないだろう。

バス通りから港は見えない。一三、四年前に二、三度遊びにきた記憶はあったが、どこのバス亭で降りればよいのか、かなり迷った。街全体は意外なほどに閑散とした雰囲気に包まれ、港にびっしり並べられた約五〇〇隻ほどのコテグリ船だけが穏やかな波を受けて静かにゆらゆらと揺れ動いていた。

漁業組合の事務所で元コテグリ船の船主、チェ・チュンシクさんに会えた。彼は去年までコテグリ船の船主だった。が、度重なる取り締まりに遭い、今は船を港に停泊させたまま漁を見合わせている。罰金を払うのはこれ以上無理だという。「俺は籠《かご》漁の免許持ってるけどよ、免許どおりの漁では食えないんだよ」「コテグリ漁をやっている自分たちが正しいとは思わないが、だからといっていきなり取り締まりばかりじゃなぁ」とため息をつく。

漁民の立場からみた底引き網漁とはいかなるものか。直接コテグリ船に乗って同行取材をしたいと申し入れた。できるだけ弱い立場にある漁民から取材したいと粘る私に、チェさんは、ひとりでは決められないので少し時間がほしいと言い残し、私の連絡先を書いたメモをもって席をたっていった。

三日ほどたった朝、私が泊まっていた旅館の部屋の戸を叩く人がいた。チェさんだった。私の顔を見るなり彼はいきなり、「本当に我々の立場で取材するんだな」と私に語気を強めて念を押した。彼は一五トンほどのコテグリ船、海亀《ヘグホ》号を紹介してくれるという。船長は、コテグリ漁歴一五年のキム・ヨンボムさん。彼は二日前に漁から戻ってきたばかりだった。時期が早いので魚はまだ小さいらしい。

韓国ではコテグリ船による底引き網漁は禁止されている。だが政府も漁民の反発を恐れて全面的な取り締まりには乗りだしていない。しかし「今のような取り締まりが続いたらコテグリ漁も終わりだ」と半ば諦め顔でキムさんは小さくため息をついた。船長と船員ら五人ほどでそんな愚痴を聞きながら朝から飲んだ焼酎一升瓶は昼前に底をついた。海亀号はここ二、三日のうちにまた出漁するという。

●●●コテグリ船に乗って海へ

畳二畳ほどの狭い船底に男四人が横になる。隣の機関室から聞こえてくるディーゼルエンジンの音はかなりうるさい。しかもエンジンの熱で船底は蒸し暑い。汗の臭いと油の臭いが混じった空気が部屋の中に充満してくる。胃がムカムカして気持ちが悪い。でも船室には吐ける場所もない。とにかく横になって我慢するしかない。

釜山の多大浦港を出発してから三時間ほどたつ。二メートルほどの波を正面から切って進む一五トンの小型船は時々横波を受け左右に傾く。激しい前後左右の揺れになかなか寝つけない私の傍らで、船員たちはいびきをかきながら寝ている。船は、北緯三五度、東経一三〇度付近の日本海（韓国名：東海《ドンヘ》）上の公海域を目指して闇に包まれた海を一直線に走っていた。

約一三時間ほど走り続けてから船は止まった。目指してきた海域に着いたのである。船長の指示に従い、船員たちはすばやく七〇から八〇メートルほどの網を海に入れる作業を始めた。網の両端にはゲタと呼ばれる玄関のドアぐらいの板を括りつけてある。長時間網を引いても網がすぼまらないようにするためのものだ。ゲタがないと一時間ほどで網はくっついてしまう。長時間網を引き続けるためにゲタはなくてはならないものだそうだ。このゲタも底引き網漁ではかたく禁止されている漁具のひとつだ。

網は六時間ほど海の底を引いたあとで引き上げられた。網の中にはカレイ、アナゴ、アンコウとともに小さな渡りガニなども入っている。しかし、魚の選別作業で小さなものはすべて海に捨てられた。捕れた魚の約三分の二ほどは商品価値がないと判断される。捨てられた小魚は海カモメたちの格好のえさになる。資源を荒らすということはこれを指すのかと思った。引き上げた網の中に魚があふれるほど入っていたのに、選別された魚は五、六箱（一箱一〇キロほど）に過ぎない。

選別作業が始まると船長は無線機でコテグリ仲間たちと連絡をとり、お互いの漁獲量を確かめたり、よく捕れる場所を教えあったりする。特に日本の巡視船や韓国の漁業指導船などの動きについてはお互いの情報を細かく交換していた。

船のうえでの生活はとても単調なものだった。海に網を入れそれをまた（六時間後には）引き上げる。その間に休憩をとり食事などを済ます。すべてが作業を優先した生活である。

海に出てから三、四日経っても、船長は現在の場所から北東方面にある日本の領海（排他的経済水域）に近づこうとしない。無線では北の方がもっと捕れるという話も交わされているが、一向に動こうとしない。私の存在が気になっている様子だ。

すると、船長から二日後に多大浦に帰る船があることを告げられた。その船にとりあえず収穫した分の魚を港まで運搬してもらうらしい。コテグリ船同士、このように捕った魚の運搬や、必要な物資の調達などに互いに協力しあっていた。どうも船長は私をこの船に乗せて送り帰したいらしい。私はしぶしぶ船を離れることを承諾せざるを得なかった。それを告げると、船長の表情がいくぶん明るくなったように思えた。頼まれて乗せてはみたものの、やはりビデオカメラの存在は負担だったにちがいない。

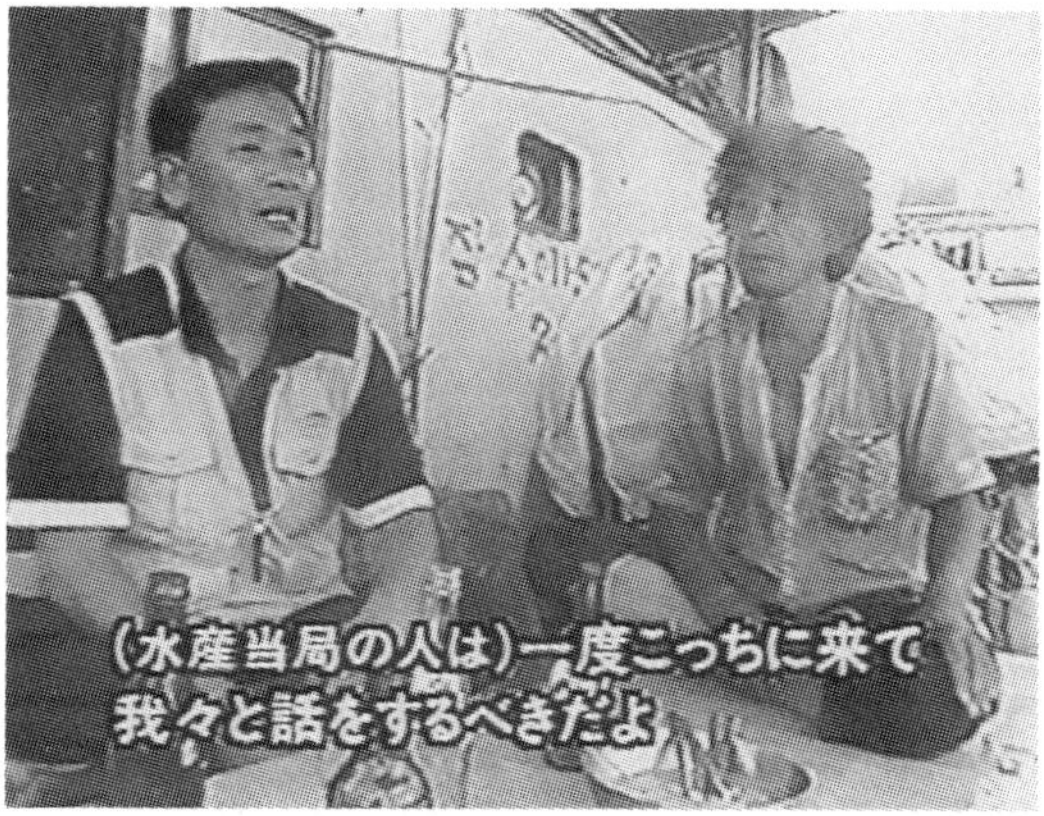
(水産当局の人は)一度こっちに来て
我々と話をするべきだよ

元コテグリ船、
船主のチェさん。
「別にコテグリ漁が
いいとは思っていないが
食えない状態なんだ」
と訴える

明日は日曜日だし
堂々とやれるよ

漁に出たコテグリ船は
仲間同士無線で連絡を取り合い、
取り締まりの動きや、
どこでどんな魚が捕れたのか
情報を交換し合う

特攻隊
(不法に国境を越えて漁をすること)
の経験を語るファンさん。
彼は一度、
日本の巡視船に拿捕されたそうだ

俺の友達も対馬で
『特攻隊』をやったんだ

乗り移って船が多大浦に着いたのは朝三時頃。約一週間ぶりの陸地だ。地面がぐらぐらする。まっすぐ歩くつもりなのに何か変だ。帰港する船を撮影しようとしたが、どうも体がゆれる。あとで聞くと、船から陸地に降りると船酔いに似た陸酔いをするらしい。三、四日間というもの陸酔いが続いた。

●進まぬ取材

コテグリ漁が急激に増えはじめたのは、ここ一〇年ほどのことである。それまでは豊かな漁場を抱える多大浦漁民たちは一本釣りや籠漁などを営んでいた。不法であるコテグリ漁は少数だった。しかし、海の汚染が進むにつれ漁獲量は減り続けていた。追い討ちをかけるようにして多大浦と接している洛東江に河口堰が建設された。海の汚染と河口堰の建設が漁民たちをコテグリ漁へと駆り立てるきっかけとなった。

昔は、コテグリ漁に対する取り締まりは厳しくなかった。捕まったとしても賄賂でなんとかごまかせたらしい。そのため儲けの大きいコテグリ漁は一気に漁民の間で広まった。他の商売をしていた人たちもコテグリ漁に加わったほどだ。しかもコテグリ漁は沿岸漁と摩擦の起きない公海上で操業する。しかし、最近になって「日韓新漁業協定」の交渉が始まったことや、資源保護の必要性などがにわかに唱えられはじめると、稚魚まで捕ってしまうコテグリ漁はやってはいけない漁として当局の取り締まりの対象となったというわけである。

コテグリ漁が広まったことで、産卵のため韓国の沿岸に回遊してくる魚の数が激減していた。一時期六〇〇〇隻あるいは七〇〇〇隻ともいわれたコテグリ船。漁民たちの無分別な乱獲が自らの首を閉める結果を招いたのである。今や沿岸の合法的な漁もままならない。行政の無責任な対応と腐敗も一役買ったのは言うまでもない。


私がコテグリ船に乗って取材に行ったという話は街中に広まっていた。船を紹介してくれたチェさんは友人や知り合いから「余計なことをした」とかなり責められたらしい。「そんなことしてもコテグリ漁は合法化されない」「日韓の新漁業協定が結ばれれば我々の漁場はなくなる。警察や水産当局を怒らせて得るものはない」というのが大半の意見だったという。カメラバックを背負って街を歩く私に対する視線も厳しい。

取材は壁にぶつかった。毎日のように取材を試みるが、協力を約束してくれたはずの漁師たちの私に対する態度が一様に硬い。たとえば、沿岸で刺し網漁をやっているホ・ウヨンさん。以前はコテグリ漁を行なっていた彼に、刺し網漁の画を撮らせてもらいながら、合法的な漁では生活が立ち行かない事情などを明かしてもらうつもりだったが、彼への連絡がつかない。いつ電話をしてもおらず、どうやら居留守を使われているらしかった。

汚染によって苦境に立たされた韓国漁民の立場を説明する話が是非とも必要だった。このままではコテグリ漁を行なう漁師たちを、一方的に法律を破る犯罪者のごとく印象づけてしまう恐れがある。それはまた取り締まりを強める当局の言い分をそのまま代弁し正当化するようなものだ。現にチェさんらが取材に協力しようと動いてくれたのには、コテグリ漁をやっているというだけで悪者扱いする世論、とりわけ行政やマスコミに対する抗議の意味が込められていたはずだった。最も大きな誤算は、テレビの取材を快く思わない人たちが大半を占めたということである。

何の成果もあげられない日が続く。しかし、手をこまねいているばかりでは済まされない。すでに取材をはじめ、一ヵ月以上がたとうとしていた。また、コテグリ船同乗取材で特にインパクトの強い映像がとれたわけでなかったこともあり、危機感は日増しに膨らんでいく。これまでの経験から、現場でストーリーが見えない取材はボツになる。唯一の救いはコテグリ船に乗ったことぐらいだった。

取材を急ぐのには実は別な理由があった。今回の取材にあたりＮＨＫのドキュメンタリーの番組枠での放送がほぼ決まっていたことだ。これまでほとんど例がなかったコテグリ船に同乗しての報告ということで、ＮＨＫ側も乗り気だった。その放映日が決まったとの知らせを、コテグリ船の乗船取材を終えたあとに受け取っていたのだった。

多大浦での取材がすでに限界にきている以上、釜山市内に戻ったうえで、漁協などいくつか新たな取材先を回って不足している内容を補うしかすべはなかった。

●●●学生運動と日本への留学

釜山は私にとって第二の故郷のような土地である。釜山から北へ七〇キロほど離れた蔚山《ウルサン》で高校までを過ごした私は、一九八二年家族とともに釜山にやってきた。その翌年、八三年には釜山の大学に進み、八七年一月に大学を退学。そして日本への留学と、その後も様々な紆余曲折を経ながら二〇代を過ごすことになる。

当時の学生の青春を語るうえで民主化闘争との関わりはやはり無視し得ないものであろう。八〇年代に入り、韓国社会は大きな変革期を迎えつつあった。年々高まる民主化闘争の気運が当時の学生の心を熱くした。かく言う私も、そうした時代の空気を吸ったひとりであった。学生自治会の委員を務めていた私は、デモや集会を組織し、「大字報」と呼ばれた壁新聞の発行などに忙しい日々を過ごしていた。

やがて（八五年から八七年にかけ）弾圧を強めはじめた政府は、多くの学生を投獄し拷問に及んだが、それに対して学生はよりいっそう過激な行動に出ることで抵抗を強めていった。この時、大学からは大勢の退学者が出た。学内ではこの頃毎晩のように密かに集会が持たれ、弾圧を恐れず民族や国家のため、大儀のために尽くそうと盛んに気炎が上げられていたのを覚えている。また、一部の学生による焼身自殺といったショッキングな事件も身近で起きた。

そして八七年六月二九日、突然の全斗煥《チョンドファン》軍事政権の敗北宣言（民主化宣言）を以て民衆の勝利が明らかになると、その後民主化に向けた流れは緩やかながら確実なものとなっていったのである。特に八八年のソウルオリンピックの開催は民主化路線を推し進める原動力ともなり、これを機に大学を除籍処分になった者たちの復学も本格的に認められるようになった。

その頃の私はと言えば、伯父の計らいで初めて訪れた日本で働きながら、自分の将来について悩んでいた。八七年一〇月、敗北宣言後の混乱を避けるようにして私は日本へ渡ったのだが、その年の一月、大学側から除籍処分を告げられる前に自ら大学を辞めることを選択していた。大学を辞めてからというもの将来に対する不安が増していた。かつての運動の同志たちは一人また一人と姿を消していく。大学を離れたものの就職もままならず苦労している彼らの消息を伝え聞くうちに、一度、釜山を離れ、韓国という国を外から眺めてみるのもいいのではないかと思うようになった。とにかく、もう一度自分の人生について考える時間的猶予がほしかった。

私にとって日本は決して身近な存在ではなかった。とりあえず来日してみたものの、とりたててこれといった目的などなかった。伯父に紹介された川崎市内のパチンコ店に住み込んで働きながら日本語学校へ通う毎日。給料は月一五万、うち七万円を日本語学校の入学金と授業料を立替えてくれた伯父への借金の返済に当てた。食事は職場で一日二回支給されていた弁当で済ませ、四畳半一間のアパートへはほとんど寝に帰るだけであった。半年で七五キロあった体重は六三キロになった。この頃はまだ日本語が話せず、一日中一言も話さない日もあったけれども、それでも不思議と辛いという気持ちはなかった。親元を離れ、自立した生活を送れていることにとても満足していた。

間もなく一年が経とうという頃、迷った末に出した結論は、このまま日本でもう少し頑張ってみようというものだった。その理由は、今の生活が何より気に入っていたからであったが、今更釜山には戻れないとの思いもあった。釜山を離れるとき、ごく親しい友人以外には日本行きを知らせていない。そのことを後悔する気持ちがまだどこかに残っていたのだ。

一から勉強しなおすつもりで、日本の大学の受験準備を始め、九〇年四月、私は横浜市立大学への入学を果たした。

韓国では経営学を専攻していたが、日本では東洋史を専攻することになった。経営学自体に対する興味がなかなか持てなかったこともあるが、もともと歴史が好きだったので日韓の歴史を学んでみたいと思ったのだ。

今まで接したことのない日本の若い世代の学生たちは、どんな歴史観、国家観を持っているのだろう。たぶん初めて出会う外国人であろう私に、彼らはいったいどんな反応を示すのか興味津々だった。

大学へ通い始めてすぐに、私はパチンコ店を辞め新聞配達のアルバイトを始めた。朝三時には起き朝刊を配達した後、九時からの授業に出ていた。授業を受けるのは三時限目まで、三時すぎには新聞店に戻ってそれから夕刊を配達するという毎日。忙しいが、仕事と学生生活の両立にとても充実していた。

毎水曜日の一時限目、政治学の講義は今でも思い出に残る授業だ。学生の間では講義が厳しいのを理由に人気のある授業ではなかった。三〇〇人ほど入れる大きな講義室には、五、六〇人の学生の姿しか見えない。先生は講義の度に自ら用意したプリントを配り、それをもとに三〇年後の日本を私たち学生に予測させた。人口の減少や本格的な高齢社会の到来および少子化、国家財政の破綻や低成長時代の経済などの危機を前に、どういった対策が求められるのかを考えさせる。そのうえで、たとえば昨今の外国人労働者の増加を例に、外国人の労働力受け入れは果たしてどこまで可能か、そのための日本とアジア諸国のあるべき関係とは、今後のアジアの産業・経済の動向はどうか、といった具合に論議を広げ深めていった。

地域社会と政治や行政のかかわり、住民参加の街づくりを研究テーマとする先生は、横浜のとある地域の再開発に地域住民と協力し合いながらかかわっていたが、その実体験などを授業の中で語ることによって、市民としての問題意識の持ち方や、市民が当事者として行政に対応していくうえでの課題などを私たち学生に教えようとしていたようだった。

やがてこの先生を中心に、学生と市民とがアジアの歴史について互いに学び合うことの必要性が唱えられ、「アジア交流教室」という勉強と交流をかねたサークルを立ちあげることになった。

●アジア交流教室の人びと

「アジア交流教室」には、当初から韓国、中国などアジアの留学生の多くがかかわっていた。私も大学二年のときからメンバーとして加わった。毎月の会合には、いつも三〇人前後が参加していただろうか。

会の活動を通して、私はいろんな考えの人と幅広く知り合う機会を得ることができた。そうして日本人の一般的な感覚や物の考え方について知る一方で、日本人の場合、私がとりわけ大事に思っていた〝民族〟とか〝国家〟についての考え方に、かなり個人差があるのに驚いたのである。

そのきっかけとなったのは、韓国と日本の歴史的関係について発表を行なったときのことだった。発表の準備のため、あらためて韓国の現代史の教科書に目を通したり、あるいはそれまであまり意識したことのなかった在日（在外）韓国・朝鮮人問題について資料を読み漁った。

発表のあと討論の席で、「韓国には（在日韓国・朝鮮人のような定住）外国人が住んでいないのか」という質問がされた。そのとき、私は自分の子供のころの体験を語った。近所で中華料理店を営んでいた華僑一家との思い出だった。一家には当時、小学校四年生の私と同じ年ごろの男の兄弟がいた。彼らは中国語ほど上手に韓国語が話せなかったが、私たちはとても仲のよい友達だった。しかし、近所ではあっても通う学校は別で、彼らは中華学校に通ってた。なぜか私は、それを当たり前のように受け取っていた。彼らは中国人で自分たちとは違う人たちだと子供心にどこか感づいていたに違いない。

約三万人とも言われる韓国の華僑の人びとが、これまでいかに韓国社会の中で苦汁をなめてきたか知るのは、それからずっとあとのことである。彼らは現在に至るまで、さまざまな社会的権利、選挙権や被選挙権といった参政権はもちろん、会社を設立し経営するといった経済活動を営むうえでの権利、さらには教育を受けるといった基本的な権利（中華学校からの大学への進学）においてさえ差別的な扱いを強いられてきていた。

華僑の人たちに対するこうした差別は、まさしく日本の在日・韓国朝鮮人に対する差別を思い起させる。しかし、韓国内では意外なほど華僑の人たちへの差別を問題視する声はあがらない。韓国社会は同じ血のつながりや（一族の）結束を重視するあまり、余所《よそ》者を排除する傾向があり、それをまた当たり前と見なす社会でもある。韓国人がよく口にすることば、「ウリ」は〝仲間〟を意味するが、このことばの響きにはウリの内と外をはっきりと区別する強い意思が表れてもいる。かつて私も韓国にいる間そのように、仲間うちの意識を高め結束をはかるときにウリということばをよく使っていた。このようにウリということばひとつとっても、韓国社会の閉鎖性がよく表れていることに気づいたのは、やはり日本での体験が大きい。

もちろん、異質なものを受け入れないという点では日本も同じく閉鎖的な社会である。差別された経験こそないけれど、外国人の自分というものを実感した瞬間は何度かあった。ただ、不思議に思えたのは、交流教室の会合に参加していた日本人の多くが、「日本人だから」とか「韓国人、中国人だから」といった考え方や言い方を、自分についても相手に対しても意識的に避けていただけでなく、逆に私たち留学生がともすればその国を代表するかのような発言をしたとしても努めてそれを受けとめようとしていたことだ。

そのやりとりの中で印象深く残っているのは、「〝わたし〟はこう考える。しかし、〝あなた〟はどうしてそのように考えるのか」という、自分の思考とことばで語り、自分の発言には自分で責任をとることの必要をごく自然に説く彼らの態度から、私は大切な何かを教わった気がした。

韓国人としての私は無論これからも変わらない。しかし、大事なのは、韓国でも日本でも自分らしい生き方を選択できる「私（＝個）」でいるということだ。むしろ、今は日本にいるからこそ理想とする自分の生き方が求められるかもしれないとそのとき悟った。

アジアプレスとの出会い

人生の岐路は突然迎えるものなのかもしれない。

一九九五年四月、その年の春に大学院に進んだ私が訪ねたのは、ＪＲ目黒駅からほど近いマンションの一室。アジアプレス・インターナショナルとの看板が掲げられたその部屋は、本や新聞、ビデオテープなどでまさしく足の踏み場もないくらいだった。

アジアプレスの代表、野中章弘さんとはその前の年のアジア交流教室の講演会ですでに何度か顔を合わせていた。その年、会では東南アジアをテーマに連続講座が組まれ、講師として招かれたのが野中さんであり、他のアジアプレスのメンバーも何人かゲストに呼ばれた。彼らが話す取材先での体験は、普段新聞や雑誌、テレビなどではとても知り得ないような内容だった。ある人は、密林に奥深く潜むゲリラ部隊に同行し、三年以上にわたって生活をともにしながら取材を続けてきたというし、またある人はイスラエル統治下のパレスチナ人女性を同じ女性という立場で追い続けていた。

しかし、どんなに苦労した取材だからといっても、必ずそれが認められ発表の場が与えられるとは限らない。むしろ、世間に発表され評価を受けるのはごく一部にしかすぎず、しかもお金にならないことのほうが多いのだという。現にお金を稼ぐということだけであれば、それより効率のいい仕事はいくらでもある。私がアルバイトでやっていた新聞配達だってそうだ。それにもかかわらず、いつ終わるとも知れない危険な取材に身をさらし、情熱を注ぎ続ける彼らの姿は眩しく映った。私の心境にも変化が起った。彼らの仕事ぶりに対する尊敬はいつしか共感となり、ジャーナリストへの夢を膨らませていった。

ビデオジャーナリストという職業に注目が集まるようになったのは、九五年秋、十一月に開局が予定されていたMXテレビ（東京メトロポリタンテレビジョン）の影響があった。MXテレビは、東京で初めてのローカル・ニュース専門局を目指すとの触れ込みで、開局前から大きな反響を呼んでいた。目玉の一つに局内の映像記者（＝ビデオジャーナリスト）たちによる「東京NEWS」があった。

MXテレビでは外部のフリーのジャーナリストとも契約を結び仕事を依頼していたが、アジアプレスもその一つであった。アジアプレスが請け負ったのは〝アジアリポート〟という四分間のニュースの制作。韓国・台湾・中国・フィリピン・タイ・インドネシアなどに海外拠点をもち、アジアプレスのメンバーである現地のジャーナリストが取材し収録したインタビューや映像は、これまでの単なるアジアもののニュースとはたしかに色合いが違っているように見えた。「これまでは欧米人ジャーナリストがアジアのニュースを取材・配信してきたが、これからは私たちアジア人ジャーナリストがその役割を担う。特に海外メンバーは自分たちの視点で現地の人たちの実情をできるかぎりそのままに伝える。君たちには日本人による日本人のためのニュースとは違うものを目指してほしい。ビデオによるドキュメンタリーもしかり」。ビデオジャーナリズムへの追い風もあって、アジアプレスのオフィスは若いメンバーたちの意気込みであふれんばかり。「興味があるならやってみないか」との野中さんの一言がきっかけで、私は暇さえあれば頻繁にオフィスに顔を出すようになった。

数ヵ月も経つと、事務所に出入りするメンバーとの面識もでき大体の仕事の流れもつかめた。ちょうどこの頃、初めて取材に出かけるチャンスをもらうことができた。でき次第ではアジアリポートで放送できると聞かされ、思わず気合いが入る。そのときの取材で訪れたのは故郷・釜山。当時、釜山にはロシア人が中古の車や家電製品の買いつけでやってきていた。なぜ彼らは釜山にやってくるのか、仕入れた品物をどのように運搬しさばくのかなど、彼らの実態に鋭く迫るはずの取材は……残念ながらまったくの失敗に終わってしまった。まず相手に近づいてビデオを回すことがなかなかできない。そのうえ、やっとの思いでとったインタビューではポイントを外してばかり。結局、現地には二度も取材に出かけたが、この取材はボツとなった。取材前の事前調査、全体（ストーリー）の組立、現場でのカメラワークなど多くの課題を残した取材であった。

場数を踏むことで少しずつ慣れてはいった。それでも、私にとっていちばん難しかったのは、映像ですべてを語れるような撮影の工夫をするということだった。また、この頃よく言われたのは、ビデオでの取材はナレーションやインタビューで説明するものではなく、映像を見ただけで八割以上その内容がわからなければ使いものにならないということだった。加えて状況が変わりやすい現場で、取材のタイミングや流れをうまくつかむのにも苦労した。相手に対しては取材のポイントを明確にして臨むのが礼儀だし、同様に何にでもカメラを向ければいいというものではない。意味もなく長々とテープを回せば編集のとき苦労するのは自分だ。現場で編集する感覚で頭を働かせ取材する、そうすれば自ずと話が整理されてくる。

わずか四分ほどのアジアリポートをなんとかまとめられるようになるのに、それから半年から一年くらいはかかっただろうか。取材から戻りいったん編集に取り掛かると、徹夜での作業となるのもめずらしくなかった。毎度のことながら、いざ編集しようとする段になってはじめていくつか必要なシーンの映像が抜けていることに気づく。自己嫌悪との戦いでもあった作業は苦労の多いものであったにもかかわらず、それ以上にやりがいを感じさせてくれたのは、どんな小さい作品にも自分の名前を入れられるという満足感であり、表現することの充実感だった。学生生活では決して味わえない経験が毎日を緊張感あるものとしていた。

大学での研究そしてアルバイトを続ける中で、ビデオジャーナリストとしての活動にもかかわってきた。大学院に進んだのは研究者になるつもりだったからだ。もともと日韓の歴史的なことに興味はあったし、日本語や韓国語を不自由なく扱えることも有利なように思っていた。だが、入ってしばらくして間違ったところにきてしまったと悔いた。研究室には必要な図書や文献も揃っていない。大学院とは名ばかりの貧弱な環境にあきれたが、学生の数ばかり多くて指導する教官さえ足りない状態にいっそう不満は募った。そうして二年目の後期の授業がはじまる九月ごろにもなると、修士論文のことが頭を占め、気分の重い日々が続いた。

修士論文の締切が迫っているにもかかわらず、まるで意欲がわかない。何をどうしたらいいのか自分でもわからずしばらくの間混乱していたが、その一方でぼんやりとながらも自分が何をしたいのかがやっと見えてきた感じはあったように思える。度々取材で韓国を訪れることで、韓国の社会だけでなく日本という社会もなおよく見える気がした。日本の社会を通して韓国を眺め、韓国の社会から日本を見なおす。私が近くて遠い国といわれる双方の国の仲立ちをできるとは思えなかったけれど、少なくともやる気さえあればアジアプレスではチャンスが与えられるし、マスコミとは違った独自な視点が求められる中でこそ私のこれまでの経験が生きるのではないかという気がしたのである。しかも、まだ誰もがスタートラインに立ったばかりと言っていいビデオジャーナリズムに大きな可能性を感じた。気がつけば、学者になる希望はしぼんでいた。

周りは大学院の修士の課程は終えたほうがいいとの意見だった。しかし、私のなかではもう半ば気持ちは固まっていた。まして適当な修士論文を書いて、留学生だからと甘い点をつけてもらう気などまったくなかった。

こうして九七年一月、私は大学院を辞め、アジアプレスの東京オフィスで専従スタッフとして働くことになった。

●●●フリーのジャーナリスト修業

専従のスタッフとは、フリーのジャーナリストとして独り立ちするための準備期間のようなものである。電話の応対やテレビ局との交渉、お金の管理、海外オフィスを含めた三〇人以上のメンバーとの事務的な連絡などが主な仕事だった。時間があれば、取材にも出かける。定まった勤務時間などなく、だいたい午前中は十一時頃にはオフィスに出て、晩は午後一〇時、十一時までというのもめずらしくない。専従のスタッフには、給料に相当する〝ギャラ〟が支払われていた。

専従のスタッフになり、三ヵ月ほどたったある日、韓国の国営放送局・KBSの東京特派員であるチョウ・デヒョンさんから事務所に電話が入った。用件は、アジアプレスでこれまでに作品化したアジア各国のリポートをKBSの番組で放送できないかとの相談だった。

電話の翌日、事務所に姿を現した彼は、早速作品リストを手に選んだテープを見はじめた。画面に目をやったまま、オリジナルのテープが全部で何本あるのか、いつ取材したものなのかなど、チョウさんはいちいち詳しく質問してきた。そしてオリジナルの取材テープまで早回しにして見終わったところで、その場で「世界は今」というKBSの看板番組での放映を検討したいと申し出たのである。番組は視聴率が軽く二〇%をこえる人気番組のひとつで、世界各地の出来事をニュースやドキュメンタリーふうに紹介しているのだという。あとで聞いた話では、チョウさんはアジアプレスの活動に興味を持ち、その取材地域の広さや扱うテーマの豊富さには一目置いたものの、実力のほどは測り知れないアジアプレスの実情を直接探りにきたのだそうだ。

費用や制作の方法についてもその場で決められた。番組用に再編集する手伝いを私が担当することになった。こうしてKBSの東京支局があったNHKに通う日々が始まった。まず「アフガン内戦の行方」を手はじめに、「カンボジア内戦―戦争でない戦争―」「虐殺の地チェチェンにいつ春がくるのか」「ヘブロン・ほど遠い平和」「北京ロック」など次々にアジアプレスの作品が番組で放送された。一見順調そうではあったが、チョウさんの注文はかなり細かいところまで及び、その度に胃が痛んだ。

「取材自体はおもしろいが、編集がダメ」というのがチョウさんのいつもの言い草で、アジアプレスで仮編集し持ち込んだものが、そのまま採用されることはほとんどなかった。結局は新たに練られたシナリオにもとづいて一から編集作業が始められた。そのため編集には相当の時間を要した。ほとんど缶詰状態になり、私のほうで二度、三度とやり直した挙げ句、最後はチョウさん自らが仕上げることもあったが、その作業を目のあたりにしたとき、思わずため息が洩れた。同じ場面を描くのでも、彼は私が選んだのとは違う画をつないで、見事に狙ったとおりの映像に仕上げていた。

圧巻は「虐殺の地チェチェンにいつ春がくるのか」の最後の場面、エンディングを仕上げたときのことだ。残虐な虐殺シーンが続いたあとに、なんと彼は一〇秒近くも皓々《こうこう》と月が照るだけの画をつないでみせた。ワンカット一〇秒というのは、普段めったにないものだったが、不思議と長くは感じなかった。これ以上戦争の悲惨さと無常感を表現し、心に訴えるものはないと思えた。

●再び力メラバックを背負うその日まで―コテグリ船取材のその後―

およそ一年間、チョウさんのもとで編集を教わった。しかし、教えてもらったことをすぐに実践で生かせるほど現実は甘くはない。そうしたレベルにはとても達していなかった。何よりまだ現場での経験が不足していた。今回のコテグリ船での取材でも私はそれを痛感していた。

釜山に戻ってみたものの、収穫はなかった。わずかなつてを頼ってコテグリ船の船主たちに接触できたが、やはり取材には応じてもらえなかった。「難しいな、コテグリをやっている人たちは我々も含めて行政やマスコミを目の敵にしていますから」。漁協のキム課長のことばがあらためて重くのしかかる。キム課長とは、コテグリ船の乗船取材を行なう前の二月に、事前の調査のため釜山を訪れた際に知り合っていた。

「今度きたときには（コテグリ船の船主や船長たち）を紹介できるかもしれない……」、そう言ってくれた彼のことばだけが唯一の望みだったが、それも断たれた。私は取材すべてを切り上げ日本に戻ることをやっと決心した。放送が予定されている日まで一ヵ月ちょっとしか残されてない。6ミリのテープは全部で五〇本、時間にして五〇時間以上、内容表（場面ごとにその内容を書き上げていく）の作業だけで優に二週間はかかる。

最後の晩は、久しぶりに大学時代に親しくしていた友人、二、三人と居酒屋で酒を飲んだ。友人に近況を聞かれ、日本でフリーのビデオジャーナリストとしての仕事をはじめたこと、今回はドキュメンタリーの取材でやってきたこと、そしてその取材の顚末について簡単に話して聞かせた。浮かぬ顔で聞いていた友人の一人が口を開いた。

「コテグリって違法だろう？　なんでそんな取り締まりを受けている連中の話を聞く必要があるんだ。たしかに生活は大変かもしれないけれど、普通に認められた漁で生活している人たちだっているだろう……漁業資源の問題だって、連中の乱獲が原因じゃないのか」

一瞬ことばを失ったが、実際に目にした漁師たちの窮状ぶりや、取り締まるばかりで何の解決策も提案できないでいる行政の対応のまずさ、日本との間で過去に取り交わされてきた漁業協定の経緯とその背景など知っているかぎりのことを話した。

「コテグリ漁がこのままでは立ち行かなくなるのをいちばんよく知っているのは当の漁民たちだ。現に日本との新しい漁業協定が成立すれば、彼らの立場は今以上に苦しいものになる。これ以上彼らを追い込まないためにも、話し合いの場に彼らが出てこられるような工夫をすべきじゃないのか？　日本との交渉を控え、国としては難しい問題をまたひとつ抱えることに消極的なのもわかるが、漁民たちも苦しいんだ……」

結局、友人との話は平行線に終わった。友人の意見はある意味でもっともなことだ。私もコテグリの漁民たちを取材する機会がなければ、あるいは同じ反応を示したかもしれない。それに、えてして韓国民は物事の白黒をはっきりとつけたがる。日本人のように曖昧な態度はとらない。だが、そんな簡単に白黒をつけてしまっていいのだろうか。漁民には漁民なりの事情や理由があるし、それにまず耳を傾けるのが同胞たる私たち（ウリ）の務めではないのか。

マスコミにしても行政にしても、コテグリ漁民を責めるばかりだという。一般市民にしてもやはりそうだ。問題点しか映らない。これでは漁民たちの心を開かせることは難しいし、誰一人として漁民の立場を気遣った発言をしないのが私には不思議だった。あれほど日頃は民族（同胞）愛を唱えながらもコテグリ漁民に対しては手のひらを返したように、いかにも〝冷たい〟態度をとる、その落差に今更ながら私はショックを受けていた。

また、それは同じ韓国人ジャーナリストの、「なぜ自分の国の恥をさらすのか」という私への批難にも表れているように思えた。しかし、私にとって大事なのは、何が真実かということだったのだ。そして、真実により迫るためには、いろんな視点からひとつひとつの事実を明らかにしていかなければならないと思う。

日本に戻ってからは、毎日が本当に忙しく過ぎていった。約一ヵ月かかって最終的に一五分ほどのテープにまとめた。番組は四五分、はじめの予定よりテープがずいぶん短いので、その分スタジオでの説明や討論に多くの時間をあてるよう担当ディレクターとの間では話がまとまった。いよいよスタジオ収録の当日。意外なことにあまり緊張感はなかった。番組のキャスターとNHKの解説者を相手に、都合四回のスタジオシーンがおよそ一時間にわたり収録された。周りからはなかなか落ち着いていたとのうれしい感想をもらった。私自身も、大体言いたいことは伝えられたとの満足感があった。

そして、九月二八日に「ETV特集／ビデオジャーナリストは見た～コテグリ船乗船リポート～」というタイトルで放映された。放送後、視聴者からの感想が寄せられた。ひとつは、韓国の不法な漁業のやり方を激しくなじったもの、もうひとつは日本と韓国の間にそんな問題があったとは知らなかった、よく伝えてくれた、というものだった。

わずかながらでも反響があったことに、私自身とても勇気づけられた気がした。

＊

コテグリ船の取材から二年がたつ。いま私はアジアプレスを離れ、まったく別な仕事をしながら、日本人の妻ともうすぐ二歳になる息子と暮らしている。アジアプレスを離れるには正直いろいろと葛藤があった……。というのは、その（コテグリ船の取材を行なった）年の三月に大学時代からつき合っていた今の妻と結婚し、一〇月には初めての子供が生まれる予定だった。アジアプレスを離れなければならなかったのは、そうした家庭の事情が大きかった。

ＮＨＫでの放送後、半月ほどしてからアジアプレスでの活動を一時やめたいと野中さんに打ち明けたとき、私の話を最後まで黙って聞いていた野中さんは一言こういってくれた。「……で、いつ戻ってくるんだ。また一緒に仕事ができるんだろう」と。「二年を目処に復帰するつもりです」と答えたのを私はつい昨日のことのように覚えている。

その日から二年後の今、小さくない不安に悩みつつも、現場復帰の日が日々近づいているのを私は感じている。そして、再び手にしたビデオカメラを武器に、誰もやったことのない取材に挑戦したい。

民族や国家の枠を越えて。

愛日と反日の間で揺れる私

⑧

符　祝慧

フー・チューウェイ/シンガポール

「符さん、あなた反日家？」とよく聞かれる。「違うわ。私、愛日家よ」。でも、正直言うとちょっと違う。愛日と反日の間でゆれつづけているというのが、本当のところだ。なぜ、愛日と反日の間でゆれなければならないのか。それは、日本に縛られてしまった私の存在というものを感じるからだ。日本人の血をひく男性と結婚し、二人の子供を産んだ私にとって日本はもはや否が応でも自分自身の一部と化している。

私の中にある愛日の精神。それは自分にとって〝他者〟としての日本への愛ではない。私が日本を愛することは、人が自分自身を愛さないでは生きられないのと同じこと。私の中には、様々な民族の血が流れる。生まれ故郷のシンガポールの血、母の出身地台湾の血、祖父母の海南島《かいなん》の血、そして大きく中国系をくくった場合の華人としての血。

私をここまで揺らすもの、それこそ、この血であるのかもしれない。そして運命がまた私を様々な血の交わりへと導いている。

血が引きずるもの、それは歴史である。そう、人の血管の中を流れるのは、単に無機質な血液なんかではない。歴史が流れているのだ。どうしようもなく、私の中にさまざまな血が流れる。私を通して様々な血が交わる。民族の歴史が交わる。生きることは歴史を背負うことだ……。

●シンガポール人の血―私の根底に流れる多民族経験―

シンガポールで少女期・青年期を過ごした私は、その多民族社会のあり方を当然のように思ってきた。家の中でも何ヵ国語かが飛び交い、家の外に出れば隣にさらに異なった言葉と文化をもつ人々が住む社会。しかも、その中心には〝自分〟がいる。今になって思う。子供時代は幸せだった。民族の血を背負う苦難、歴史を背負うことの重さも、それほど感じずに生きてこられたのだから。

多民族国家シンガポール

私は、一九六四年シンガポールに生まれた。以来一八年間、日本の大学に留学するまでをその地で過ごした。

シンガポールは多民族国家だ。中国系、マレー系、インド系といった多様な民族が、日本の淡路島とほぼ同じ大きさの国土にひしめく。一口に中国系と言っても、福建《ふくけん》、潮州《ちょうしゅう》、広東《かんとん》、海南、客家《はっか》など、出身地別に異なる言語を話す民族にわかれる。その中で私は、父方の祖父母が海南島出身、母が台湾出身の中国系、つまり華人である。

シンガポールでの子供時代は、毎日が多様な文化との出会いだった。家の中で、祖父と祖母は海南語で、父と母は華語《かご》（北京語）や閩南語《みなん》（台湾の方言）で会話をした。隣家には、客家人、潮州人が住んでいた。家には、マレー系のお手伝いさんがときどき来ていた。学校では英語。テレビは英語、華語、マレー語、タミール語で放映される。シンガポール独自の文化がまだ確立していなかったころ、香港や台湾の文化もたくさん入ってきていた。

シンガポール社会を担う華人――教育熱心な華人たち

シンガポール政府は、すべての民族を基本的に平等に扱っている。しかし、人口の七〇％を占め、政治・経済の世界で重要な役職に就くのは多くが華人だ。その意味で、華人中心社会とも言える。

いわば国家のエリート層とも言える華人だが、その子弟に対しては徹底的なエリート教育が施される。小学校そして中学一年と地元の学校に通っていた私も、中学二年のときに華人の教育に力を入れる名門女子校、南洋中学に転校した。大臣の娘、医者の娘など、そうそうたる家柄の子女たちが通っていた。伝統校ゆえに校則も厳しく、髪の毛は耳の下一インチ、スカートはひざ丈といった細かい規定があった。週に一度は、全校生徒が校庭に並ばされ、教師による風紀検査が行なわれていた。

中学三年になると、成績にしたがって理・工・文系に分けられ、およそ将来進むコースが決められる。だから、みんな必死だった。試験前になるとピリピリした雰囲気が学校だけでなく、家でもしていたほどだ。私は試験前になると両親から禁じられたことがあった。私の家の隣にはバスケットコートがあり、普段はそこでマレー系の子供たちと一緒にバスケットを楽しんだのだけれども、試験前は許してもらえなかった。マレー系の子供たちの楽しそうに遊ぶ声を耳にしながら、彼らを羨ましく思ったものだ。

また、今でも思い出すのは、クラスでも勉強熱心だったひとりのクラスメートのことである。ある日、先生から返されたテスト用紙をもって席に戻る彼女の様子がどこかおかしいのに気づいた。見ると、顔中が赤い湿疹で覆われているではないか。原因はテストの点数が前回より悪かったことにあるらしい。それも、九〇点が五〇点になったというレベルではない、九九点がせいぜい九八点になったといった話だった。競争とは何かをこのとき思い知った気がした。

恵まれた環境の中で――演劇への情熱

私が物心ついたとき、私の父は劇場のプロデューサーの仕事をしていた。

当時、シンガポールに娯楽と呼べるようなものがほとんどないその時期に、父の劇場はシンガポールの娯楽・文化の拠点だった。歌あり、笑いあり、演劇ありのショーは大盛況で、劇場は毎日満席だった。台湾、香港の有名歌手による歌謡ショー、幕間のお笑い。目玉であるラスト三〇分の演劇は、時代劇から、ラブストーリー、社会派作品まで取り揃えていた。

仕事場に詰めたきりの父に会いに行くのを口実に、私はそのショーを毎日のように見て過ごすことができた。ときには、リハーサルから見ることもあった。華やかで情感あふれるその世界に魅せられた。まだ経験もせぬ男と女の世界も、人情の機微も、演劇を通して知った。

父とはよく土曜の夜にミッドナイトショーに出かけたことも覚えている。やっと小学校の高学年になろうかという私と妹そして父の三人で見たのは、なぜか香港の左派が作った中国革命映画だった。父は私たち娘に、劇場での大人の色恋の世界を見せたいとは思っていなかったようだ。こうして私の中に、文学的なものへの憧れとともに、社会問題への関心が少しずつ育ちつつあった。

私が本格的に文学的世界や演劇に目覚め、父から受けた影響をはっきり意識したのは、やはり南洋ジュニアカレッジでの高校生活を通じてだろう。白雲岡という通称（サイトネーム）のとおり、高台にあるこの学校は、その広い敷地から美しい景色が見渡せる。授業は単位制だから時間割にもしばられない。一方、課外での演劇や音楽などの文化活動が盛んな学校だった。友人と演劇サークルを作った私は、日々、演劇活動にいそしんだ。脚本を自分で書き、衣装は劇場のものを拝借することもあった。歌や合奏、演劇があふれる日々……充実していた。自由な校風のもと、自分が本当に好きなものを見つめる豊かな時間とチャンスがあった。

将来はドラマを作りたい！　そう思い立った私は、（シンガポールには当時なかったが）日本には放送技術を実際に学べる大学があると聞かされ、日本への留学を決心した。

●台湾の血―日本への留学―

私の母は台湾の出身だ。台湾から、シンガポールの父のもとへ嫁いできた。私の中の台湾人の血を思うとき、思い出されるのは日本に留学していたころの体験だ。日本への留学は残念なことに失望の連続だった。

私は周りから台湾人としばしば間違えられた。もちろん、台湾人と言われたこと自体が嫌だったわけではない。ただ、私を「台湾人」と見なした彼らの意識の中に、日本人のアジアへの無関心と無知が潜んでいる気がした。だから失望したのだ。

日本での外国人差別

子供の頃、祖父母から戦争体験を聞かされた。私をかわいがってくれた祖母は、父の実母ではない。父の本当の母親は、日本がシンガポールを侵略した一九四六年、父を産んですぐに栄養失調でなくなっている。祖父は「あのとき日本軍が来たからだ」と口癖のように言っていた。祖父がのちに再婚した、父の育ての母である祖母にとっても、祖父は二人目の夫だった。

かつて祖母は、村の教師だった夫と海南島で暮らしていた。しかし、戦争の激化とともに島に日本軍が攻め入ってくると、纏足《てんそく》で早く走ることができない祖母をおぶって二人で逃げたという。ところが日本軍に見つかってしまった。夫はとっさに祖母を草むらに隠し、自ら日本軍に向かっていき、祖母の目の前で殺されたそうだ。だから、私が日本への留学を言い出したときに祖母は強く反対した。日本人は残酷だ、日本人は冷たい民族だ、と。私の日本留学は、そんな祖母の反対を押し切ってのものだった。

一九八二年三月、私は、留学への夢と希望を胸に日本の地に降り立った。一年間、語学学校に通ったあと、日本大学芸術学部放送学科に晴れて入学。憧れの大学生活の始まりだった。高校時代のような、ドラマや文学への情熱にあふれた日々を思い描いた。みんな「楽しくやりたい、作りたいものを作ろう」という情熱と行動にあふれた創造的な毎日。周りの日本人は、めずらしいシンガポールからの留学生である自分に好奇心をもってくれることだろう。きっと友達もたくさんできるに違いない。今度シンガポールに帰るときには、祖母に「今の日本は昔と違う。素晴らしいところだよ」と報告できると思っていた。しかし、現実は違っていた。

学科の学生は一学年約一〇〇人、そのうち留学生はわずか三人。私と、台湾からの留学生が二人だけだったが、私たち留学生に積極的に話しかけてくる日本人学生はほとんどいなかった。授業にいつも出ているのは留学生だけで、勉学意欲もあまりないようだ。会うことがないから話すチャンスがない。話さないからお互いのことはわからない。多くの日本人学生たちは、私のことを他の二人と同じ台湾からの留学生だと思ってさえいるようだった。どうにかチャンスを見つけて話しかけてもみた。「将来はどんな仕事をやってみたい?」と同学年の女子学生たちに聞くと「別にぃ」とか「結婚かな～」と言う。彼女たちは何のために大学まできて放送の勉強をしているのだろうか、その返事に驚いた。

日本はアジアからの留学生を温かく迎え入れているわけではなさそうだ……信じたくないが、そう実感させられるときが何度かあった。たとえば、バイト先でのこと。同じ仕事をしても留学生と日本人では時給が違うのだ。それならまだましな方で、時給の低い留学生に一番嫌な仕事がまわされることも多かった。

私にとって、何よりも悔しく情けなかったことは「台湾人ホステスか?」としばしば言われたことだ。大久保の近辺に住んでいた頃、帰り道によく、酔っ払いにからまれた。「ねえちゃん、台湾から来たのぉ?」。酔っ払いだけではない。警察でも差別的な扱いを受けたことがあった。それは、今でも忘れられない恐怖の体験だ。

大学四年のとき、夜おそくに交番の前を通りかかると警官に呼び止められた。最初は丁寧に対応してくれていたのに、私が外国人だとわかると急に態度が変わった。外国人登録証明書の提示を求められ、たまたま携帯していなかった私はスパイか不法就労の外国人かのように疑われた。署に拘留されたうえ、体の大きい警察官が次々に集まってきて皆で私を取り囲み尋問した。「どこから来た」「一ヵ月いくら収入ある? 一人でアパートになんか住めるのか? 本当にシンガポール人? 台湾人ホステスじゃないのか?」。シンガポール人であることの証明のために八つの言語が話せることを伝えると、「そんなに言葉ができるのは北朝鮮のスパイ金賢姫《キムヒョンヒ》くらいだ」と言われた。

襲いかかる恐怖の中で、私はどうしようもない怒りと悲しみを覚えた。なぜ、台湾人? なぜ、ホステス? 私は台湾人ではない。ましてや、ホステスじゃない。台湾人だとしてもホステスかどうかわからないし、ホステスだとしても悪い人じゃない! 私に向かって発せられた「台湾人ホステス」という言葉には、アジアからの人間を〝十把一からげ〟にする無関心さと無知さ、そして日本以外のアジア諸国を、貧しく汚い国と見下す傲慢さがにじみ出ているように感じられた。しかも、その貧しく汚いアジア人の代表としての「台湾人ホステス」という表現は、台湾人の母をもつ私にとって特に許しがたい思いがした。私の中の一部が侮辱されているような気がしたのだ。

祖母が言ったように、やはり日本は今も野蛮な国なのだろうか。戦前からなんら変わっていないのか……。そんな思いさえ頭をよぎった。

●●●日本人の血—日本人と結婚するということ、日本人の子供を産むということ—

人は暗闇の中でこそ光を見るという。日本留学という暗闇の中で見つけた光、それは、私が三年間寮生活を送ったアジア文化会館であり、現在の夫・近藤であった。しかし、彼の中に流れる日本人の血が、その後の私を引き裂いた。

失望の連続だった留学生活

日本への留学中、シンガポールに一時帰国するたびに祖母はくどいくらい念を押した。「日本人の男と結婚だけはしないでね。それだけはお願いよ」。その度に私は答えていた。「大丈夫よ。大学にはいい男なんて一人もいないんだから。可能性もないわ」。

しかし、その後わたしがたどった運命は、自分にとってもあまりに意外なものだったのである。

失望の連続だった大学生活。私は、次第に生活の中心を大学の外に置くようになっていった。主な活動場所になったのは、アジアからの留学生が共同生活を営む寮、アジア文化会館だった。祖母の反対を押し切ってまでやってきた留学先日本で、自分の選択は正しかったのだろうかとひとり悩んでいた私にとって、会館は唯一心安らぐ場所だった。

生活や人間関係の悩み、日本社会への不満など、何でも心置きなく話すことができた。しかも、すべてが外の世界と対照的だった。アルバイト先では汚い仕事や人の嫌がる仕事は留学生に回ってくる。だがここでは、アジアからの留学生が汚したところを日本人が拭き、留学生のために日本人が料理をし、留学生によって捨てられたゴミを日本人が一つ一つ手にとって分別していた。ときには外でのつらい経験ゆえに怒りをぶつけることさえあったが、そんなとき日本人職員たちは、忍耐強くじっと話に耳を傾けてくれるのだった。

また、留学生同士や会館の運営に携わる日本人との様々な会話の中で、アジアと日本の関係やアジアの戦争体験などについて普段から考えているところを語り合えたことは大きかった。自分が知らないアジアの国々の歴史について学び、議論することで私自身ずいぶん目を開かれた気がしたし、何より祖母の反対を押し切ってまでやってきた日本で、差別的な扱いを受けることに傷ついていた私自身の心を癒すことができた。アジア文化会館は、日本という暗闇の中に置かれていた自分にとってひとつの〝光〟だった。そして、現在の夫は会館の職員として働いていた。

会館の機関紙『アジアの友』の編集者でもあった彼から、「日本について考えていることを何か書いてみないか」と勧められたのは、大学を卒業し、テレビ制作会社で研修を受けていたころのことだ。二、三ヵ月後にはシンガポールへの帰国が控えていた。長い文章を書くのは初めての体験。まったく自信がなかった。だが書き始めてみると、言いたいことがたくさん出てくる。あのとき同級生に伝えたかったこと、「台湾人ホステスか」と言った酔っ払いや警察官に言ってやりたかったこと、日本社会の問題点など、次々と頭に浮かんだ。

しかし、思いがあふれるばかりでうまくまとまらない。歯がゆい思いでいたとき、彼が根気強く私の話を聞きながら文章を直してくれた。おかげで私は、日本人に対して初めて〝口〟をもち〝本当の自分の姿〟を表現できた気がした。『さようなら』を言う前に──六年間の留学生活に想う──」がしばらくして雑誌に載った頃には、私たちは互いを特別な存在として意識するようになっていた。

家族との衝突そして和解

留学を終え、シンガポールに帰ってからの生活は充実していた。シンガポール国営放送の報道部門に入局し、ディレクターとして多忙な日々を送った。局では様々な会議をこなす傍ら、国会報道のオン・エアーなどに追われた。

入局して一年たったころ、国営放送ゆえの問題点が目につきはじめた。国会中継が理由も明かされずに上からの圧力で突然中止になったり、国内で働くタイ人労働者の突然死をめぐる真相究明が、いつのまにか政府擁護の報道にすり変わってしまったこともあった。……そんな中で次第にやる気を失っていく自分を感じるようになった。

他方で、近藤との間では電話や手紙の交換が二年以上続き、そろそろ結婚を真剣に考え始めていた時期でもあった。そして結婚を期に、あらためて日本の大学で国際関係論を勉強し、行く行くは報道のスペシャリストとして再び活躍したいとの考えもあった。一九九〇年秋、近藤との結婚を決意した私は、シンガポール国営放送を退職した。しかし、それからが大変だった。

家族に日本人との結婚を考えていることを伝えた。祖母の嘆きは尋常ではなかった。「あの憎き日本人と」と怒り狂うし、父も大反対。「せっかく家まで売って日本に留学させたのに……いい職もあるのに……それでも結婚するのか」。日本人が亭主関白だということや、相手が私より二〇歳も年上なのも反対の原因となった。母も、唯一結婚を打ち明けた国営放送の元上司も、みんな心配して反対した。

そのうえ、結婚のことを家族に打ち明けたのが、近藤が結婚の挨拶のためにシンガポールにやってくる直前だったのがさらに怒りを買った。「日本人と？　しかも、結婚式まであと一ヵ月もないだって……正気かい」。家族の動揺はあまりに大きかった。祖母は、近藤と会おうともしなかった。結局、家族の許しを得られないまま、私はシンガポールを去るしかなかった。

結婚式は、丸木美術館で行なうことになっていた。『原爆の図』で知られた丸木位里、俊先生の作品には、歴史的視点、アジアとの平等な視線があるからだ。以前、二人で一緒に訪れたことのある思い出の場所でもあった。成り行き上、式への家族の出席はあきらめていた。しかし、結婚式の招待状もすでに発送し、あとは式を待つだけの挙式日の一週間前になって強い不安に襲われた。「このまま、家族と絶縁してしまっていいのか」。

思い切って近藤に相談した。「結婚を取りやめたい。ちょっと考えさせてほしい」。周りを驚かせ、迷惑をかけるのは承知で、いったん結婚を保留した。それから三ヵ月後、悩んだ末に出した結論は、家族の許しが得られなくても結婚しよう……近藤と人生をともに歩こう……そう決めた。

結婚から二年たっても、シンガポールの家族は私たちを許してはくれなかった。やっとその兆しが見えたのは、一歳になる長男を連れ、シンガポールに無理矢理里帰りをしたときだ。祖母はもちろん、父の怒りもまだ収まっていなかった。父は言った。「一族の意志にそむいて日本人と結婚したおまえは、もし今おじいさんが生きていたら、死刑だったぞ」。それでも、彼らにとっては孫になる幼子の無邪気な表情を見るうちに、父と母は怒りを解いていってくれた。正直うれしかった。

時間はかかったが、祖母も子供と一緒に遊んでくれるまでになった。その姿を見て、私は幸せな気分になった。だが、人間の心の傷はそう簡単には癒えない。祖母は、笑顔で遊んでくれていたかと思うと、突然思い出したように表情を変える。そして「はーっ、この子の中に半分は日本人の血が入っている」と吐き捨てるようにつぶやくのだ。すると、それまでの和やかな雰囲気は一変し、なんとも気まずい空気が家族の間に流れる。そのたびに私は、心を引き裂かれるような思いがした。

海南島の血―祖父母の出生地を訪れて―

なぜ、祖母はあそこまで日本を憎むのか。祖母の気持ちがわからないわけではなかった。しかし、昔はあんなに私をかわいがってくれた祖母が私の子供に「半分は日本人の血」と思わず嘆いてみせるほどの彼女の悲しみは、本当のところはわからない。直接の戦争体験がない私には、彼女の悲しみの深さは容易に想像がつくものではなかった。

ところが偶然にも、私は祖母のその悲しみの一部を知ることとなる。祖父母の出生地、海南島の元従軍慰安婦を取材したときのことだった。

元「従軍慰安婦」卓亜偏さんとの出会い

私が再び映像の世界に戻ったのは、二人目の子供が保育園にあがった一九九六年、結婚四年目のことだった。この年、私は松井やより氏が主宰していた「ジャーナリズム講座」、ついでそこから派生した「ビデオ塾」に参加した。「ビデオ塾」との関わりは、その後NHKエンタープライズ21のプロデューサーであった池田恵理子さんや、アジアプレス代表の野中章弘さんらフリーのジャーナリストとの出会いを与えてくれた。

仕事のうえでも変化があった。民営化されたばかりのシンガポールテレビ局の特約記者として契約し、その初仕事に尖閣諸島についての取材を行なった。尖閣諸島の取材で私ははじめてテレビ放映の映像に耐え得る民生用ビデオカメラＶＸ１０００を使用した。このカメラがあればチームを組まずとも個人で映像取材ができる。思えば、この時の取材が現在のビデオジャーナリストとしての仕事にもつながっている。

九七年、ビデオ塾の活動の一貫として、私は元「従軍慰安婦」に関する記録取材をすることになった。小林よしのり氏の『ゴーマニズム宣言』をはじめ、日本のマスコミが史実の「ある」「なし」を巡ってさかんに議論をしていた頃だ。「ある」「なし」の水掛け論的議論を展開するよりも、すでに年老いている元慰安婦の女性たちの証言を集めて記録していく方が大切ではないのか。そう思った私は、以前ＮＨＫの取材でこの問題に取り組んでいた池田さんに相談してみた。池田さん自身、「従軍慰安婦」問題の取材についてはたいへん苦労したという。彼女から取材が中止されるまでの経緯など、いろいろと話を聞いて、あらためて私は、日本が認めようとしないこの問題を取材したい、この歴史を自ら検証して日本に残したい、と思った。

従軍慰安婦問題については韓国の事例は多く取り上げられているが、中国についてはまだ埋もれている事実が多い。早速、池田さんの紹介で在日中国人ジャーナリスト班忠義《はんちゅうぎ》さんと中国の湖南《こなん》省で会うことにした。そこ（「文史資料館」）で、私は、思いがけない資料を目にすることになる。それは、祖父母の出生地海南島の従軍慰安婦についての資料だった。

海南島・陵水県の旧日本軍司令部。現在は村の役場として使われている。かつて海南島には67箇所の慰安所があった。

海南島の
元従軍慰安婦、
卓亜偏さん
73歳（97年当時）

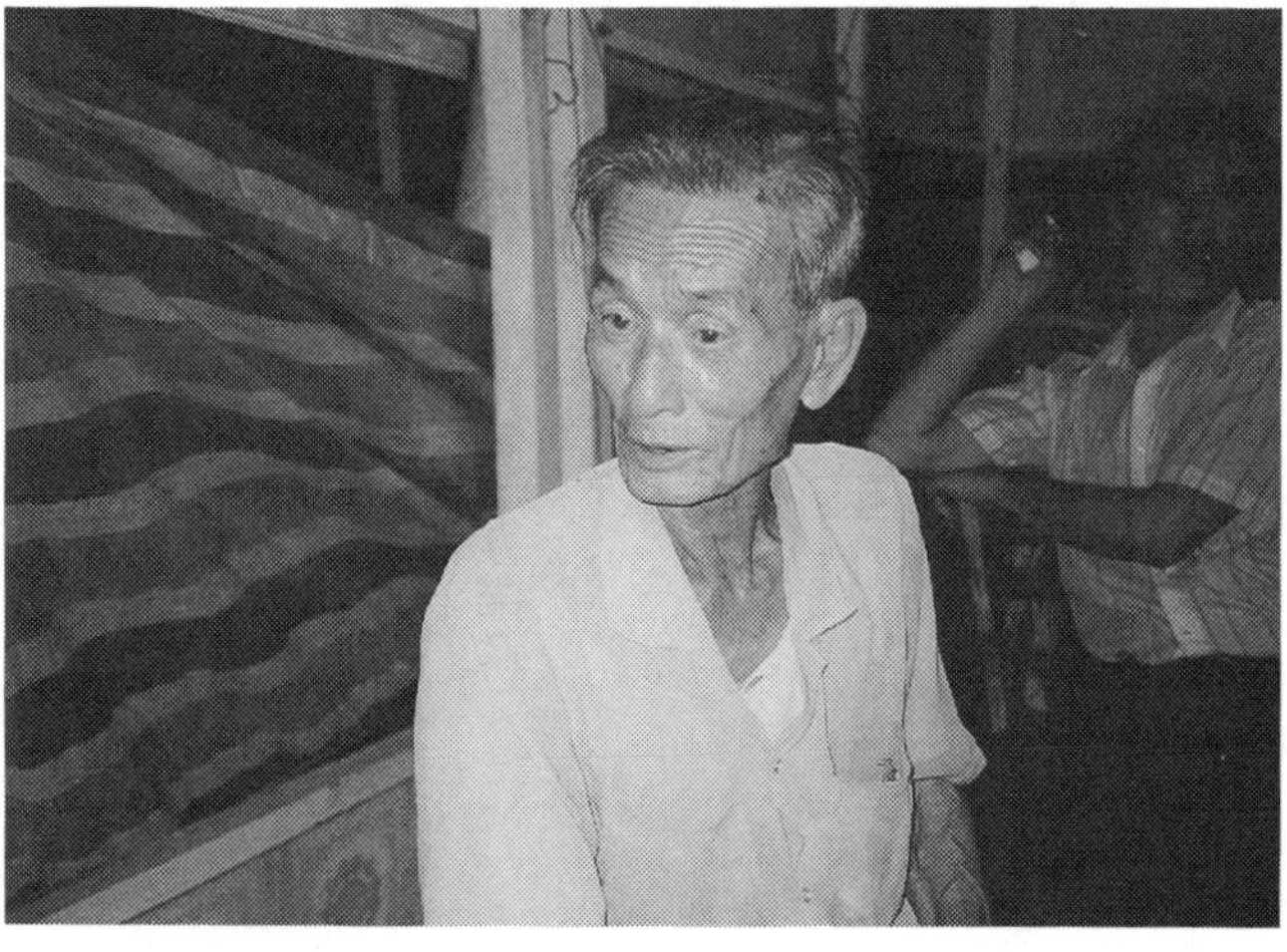

元対日協力者、
維持会副会長・
趙向盈さん。
今でも流暢な
日本語を話す

一度日本に戻って確認すると、海南島は戦時中日本の重要拠点で、慰安所がたくさんあったという。海南語を話すことができる私は、すぐにビデオを抱えて取材に向かった。正直言えば、このような重いテーマを持って祖父母の故郷をはじめて訪れるのは、何とも言えない切なさがあった。山中をジープで移動した。陵水県に住んでいる七三歳の卓亜偏《たくあへん》さんに会えたのは、九七年五月のことだった。

「まだ月経もない一四歳の時に、私は日本人兵士に強姦されました。下腹部から出血して痛かった」

卓さんは涙ながらに私のビデオに向かって証言した。戦争中の三年間、山奥の兵舎に拘束され、昼間は馬の世話や便所掃除、夜は兵士にセックスを強要される生活が続いた。卓さんの涙を見、話を聞くだけで、日本軍に対する、そして戦争に対する怒りで私自身も震えた。取材をとおし、この祖父母の出生地海南島にも、前に南京の資料館でじかに目にした南京虐殺に匹敵する残酷な歴史があることを知った。祖母の悲しみの原因が、ほんの一部、理解できた気がした。

海南島での取材は、『ひとつの史実―海南島「慰安婦」の証言』というドキュメンタリービデオ作品としてまとめられた。現在、日本語版、英語版、中国語（北京語）版にそれぞれ翻訳されている。その翻訳作業は、偶然にも自分のアイデンティティを見直すきっかけとなった。

最初は日本語へ、次は英語、最後は中国語の順で訳した。訳しているうちに、自分の心の中に微妙な変化が起こっているのに気づいた。日本語のときは「こんな言い方をしたら日本人が気分を害するのではないか」と、できるだけ〝刺激〟の少ない訳語を慎重に選んでいた。英語の場合は淡々と作業を進めることができた。そして中国語。そのときの私は、まるで元慰安婦・卓さんの気持ちが乗り移ったようだった。何の遠慮もしないで〝彼女の怒り〟を忠実に訳した。そして、訳をし終わった直後の私は、日本に対する憎しみの気持ちでいっぱいになっていた。日本語や英語へ訳すときは、こんなことはなかった。

自分の中に、色々な民族としての人格が存在していることに気づかされた。中国にルーツをもつ華人としての人格、しかし中国人とは決して同一ではないシンガポール人としての人格、日本に住み日本人と結婚し、半分は日本人の血が流れている子供の母親としての人格……。いったい私は何者なのだろう。そんなことを思い始めたとき、アジアプレスの野中さんと出会った。

●華人の血—自分のルーツを求めて—

今、「私」という人間のルーツを探るため、世界中の華人を追う取材を始めている。この「華人」というテーマをもつきっかけを与えてくれたのが、アジアプレスの野中さんだった。野中さんとの関わりは、ビデオ塾での講演を依頼したことから始まった。初めて会ったのはその少し前、市民メディア団体「民衆のメディア」が主催する集会だった。会合が終わってから一緒にお酒を飲み、さらにそのあとも二人で喫茶店で話し込んだ。

そこで彼に、「符さん、何をやりたいの？」と聞かれた。彼は、人の話を聞くのが本当にうまい。そして、自身も語るのが大好きで、そのうえ人をやる気にさせてしまうという不思議な力がある。そのときも初対面だというのに、二、三時間延々と話をした。尖閣諸島のこと、海南島のことなど話は尽きなかった。

このとき初めて、私は彼の口から「ビデオジャーナリスト」ということばを聞いた。

彼が代表を務めるアジアプレスではそうしたフリーのビデオジャーナリストたちがそれぞれ自分のテーマで取材してきたものを、様々なメディアに発表しているのだという。日本人メンバー以外にも、中国、韓国、フィリピン、インドネシアなど海外メンバーが活躍し、これまで欧米が担っていたアジア報道を自分たちアジア人の手によって行なうとの目標を掲げていた。それはまさしく私が目指してきたことでもあった。

帰りぎわ、彼は言った。「ビデオジャーナリストとしてやっていくためには、まず自分独自のテーマをもたなくてはいけない。それを時間をかけてじっくり追っていく。たとえばあなただったら、自分のルーツを探してみるのもひとつの考えかもしれない」。帰りの電車の中で考えた。私のルーツ……そうだ、「華人」を追ってみようか。

インドネシアの「排華」事件を追って

一九九八年、インドネシアにおける暴動と一連の「排華」事件を私は追った。経済の深刻さが民族間の対立をもたらし、それが華人排斥につながっているインドネシア。そこで見たものは、自分が知る「華人」とは全く異なる「華人」の姿だった。

放火され焼け出された人々、妻と娘が目の前でレイプされた男性。レイプを受けた二人はその後、自殺したという。夫であり、父親であった彼の悲しみはいかばかりであったろうか。

また、取材で知り合った、学校の教師をつとめるという女性は一ヵ月後に会うと、別人のように瘦せこけていた。いつ襲われるかわからない恐怖。常に神経を尖らせ、リビングのソファーの後ろには、自衛のための棒を常に隠し持つ。華人たちはインタビューの取材には応じてくれるものの、ビデオカメラでの撮影だけは決して許さない。テレビに顔が出れば、どんな脅迫、報復、嫌がらせを受けるかわからないからだった。

彼らは一様に忍耐強いように私には思えた。必死に恐怖や悲しみを堪え忍ぶことで、彼らなりの「戦い」を続けてきたのだと思えた。暴力に対して自衛のため武器をとることはあっても、インドネシア社会そのものが彼らにとっての「敵」ではなかった。

あるときアメリカのラジオ番組、『ボイス・オブ・アメリカ』のインタビューを受けたというインドネシア華人の女性の話を聞く機会があった。彼女の話によれば、インタビュアーから聞かれた質問のなかに、「プリブミ（ここでは、華人系住民以外のインドネシア住民のことを意味する）のどんなところが嫌いですか?」というものがあったという。それに対して、彼女は「嫌い? 私は嫌いではないですよ。今までずっと一緒に暮らしてきたんです。嫌いという気持ちはありません」と答えたのだそうだ。私はそこにインドネシア人として生きる華人の姿を見る思いがしたのである。

同じ華人でありながら、シンガポールの華人の置かれた状況とのあまりの違いに驚いた。インドネシアの華人は、経済的には国内で最も豊かな民族である一方で、人口比では五％のマイノリティーだ。その点、人口の七〇％を占めるシンガポールの華人とは全く違うし、シンガポールで民族的軋轢を感じたことなどほとんどない。そのことの幸福さをあらためて知った。

インドネシアの華人を取材して、民族の血を背負うことの重さを知った気がした。日本に来てしまったがゆえに、引き裂かれてしまった私のアイデンティティ。シンガポールで暮していれば、知らなくて済んだかもしれない民族の血や歴史を背負うことの重さ。そんな苦難を背負ってしまったのは自分だけかと思っていた。しかし世界には、その重さを背負いながら果敢に運命に立ち向かっている人たちがたくさんいる。

自分のルーツを探る「華人」の取材。まだ始まったばかりだが、生きていくうえで勇気のかけらをもらった気がした。

*

なぜ、私が反日と愛日の間でゆれなければならないのか。それは、私に関わるさまざまな民族の血が、私を反日と愛日の間で揺らしつづけるからだ。

シンガポールで華人として生まれた私。その私の祖父母は日本軍の侵略で悲しい過去をもつ海南島の出身である。母は台湾から父のもとに嫁いできた。そして今の私はと言えば、日本人の男性を夫とし、二人の子供を育てている。これは、いわば偶然のめぐり合わせの中で、どうしようもなくたどり着いてしまった現実なのだ。しかし考えてみれば、人生は偶然の積み重ねだ。それは誰にとっても同じことだ。一人ひとりが歴史を背負って生きていることも変わらない。ただ私の場合は、その人のつながりが、広く民族の境を越えてしまった。民族の血は重い。民族の歴史は重い。その重さに私自身が押し潰されそうになるときもある。しかし、それが自分自身なのだ。運命なのだ。

だから、私は、この運命を積極的に受け入れたい。そして、私にしかできない仕事をし、私にしかできない生き方を求めようと思う。それが今は「華人」や「アジアの平和」といったテーマを追い、日本を含むアジアの国々に発信していくことなのだ。

ビデオジャーナリストを目指す若い人たちに言いたい。「きっといつか自分のテーマを持ってください」と。しかし、いきなりは難しいだろう。自分のテーマは、自分の人生の投影なのだから。だからまず、いろんな人にたくさん会って話を聞いてほしい。すべてはそこから始まると思う。

知らない世界に飛び込むのに必要なのは、いっぱいの好奇心と少しの勇気。人との出会い、さまざまな巡り合いの中から、必ず自分のテーマが見つかるはずだ。若い人たち、特に女性に心からのエールを贈りたい。

動乱・日雇い・山の民の苦悩をみつめて

⑨

レイ・ベントゥーラ

フィリピン

銃声があたり一面に鳴り響いた。フィリピン国軍の兵士たちがデモ隊に向かって発砲し始めたのだ。そばにいたカメラマンたちはすぐさまトラックから飛び降り、現場に向かって駆けていった。私はトラックの荷台に残り、銃撃が続いている間、必死になってビデオカメラを右や左に向け、目の前で起きていることを記録しようとしていた。

発砲が始まった以上、デモの参加者たちの中に多くの死傷者が出ることは避けられない。すでに何人もの人々が銃弾を受け、地面に倒れ伏していた。群集は後方に向かって逃げだしたものの、ほとんどパニック状態となり、現場は大混乱に陥っていた。デモ隊を遠巻きにしていた市民の中からは、大声で泣きながら、国軍の非道な行為を罵倒する叫び声が上がっていた。私は「冷静になれ！」と胸のうちで自分に言い聞かせながら、倒れた人たちにズームインし、犠牲者たちの様子を捉えようと懸命にファインダーをのぞいていた。

後に「メンジョーラ事件」としてフィリピンの政治史に刻まれた惨劇はこのようにして起きた。時に一九八七年一月二二日のことである。

この前年の二月、マルコス独裁政権に反対する市民たちが決起し、二〇年以上も権力の座にあったマルコス大統領を追放した後、暗殺されたベニグノ・アキノ上院議員の妻であったコーリー・アキノが大統領として登場。フィリピンの民主化は大きく前進したかのように思われた。

アキノ新大統領は秩序を回復するため、各地で武装闘争を展開していた共産党とも、暫定的な休戦協定を結んでいた。それに伴ない、マルコス時代は地下にもぐっていた活動家たちも公然とマニラの街角に姿を現わすようになり、都市部での共産党の活動は急速に活発になっていた。この日のデモは共産党を核にした左翼勢力が、アキノ政権に対し、もっと徹底的な変革を求めて立ちあがったものだった。

八〇年代のはじめ、私はといえば、大学時代からマルコス独裁政権への抵抗運動に共感し、授業に出席するよりも同じような志を持つ友人たちと、「どのようにしたらこの国の民主化は可能なのか」などという議論に熱中していた。

当時、マルコス政権に対する最大の敵対勢力は新人民軍（NPA）を擁するフィリピン共産党だった。彼らの活動拠点はパナイ島、ネグロス島そしてルソン島の中部・北部の山岳地帯など、フィリピン各地に及び、マニラで地下活動に従事するメンバーも少なくなかった。

共産党は私たちのような学生グループとも密かに接触し、じわじわとその影響力を拡大していった。私もまた、予備党員として共産党に参加することを決心すると、大学を中退して、ある左派系新聞で働くことになった。

記事を書くかたわら、日本人の友人から借りた8ミリ・ビデオカメラで運動のための宣伝ビデオなどを撮るようになっていた。取材のためにゲリラ・キャンプを訪ねたり、マニラに抗議集会にやってきた農民たちのもとへ出かける機会も何度かあった。

デモ当日、私は報道関係者らとともに、警官隊の後方に停ったトラックの上に陣取っていた。旧知の農民や活動家たちは向こう側におり、私だけが敵の後ろ側にいる。心臓がドクン、ドクンと脈打ち、血液が逆流するほど私は興奮し、カメラを持つ手の小刻みな震えをどうしても押さえることができない。「今日は軍や警察も、容赦なく鎮圧してくるかもしれない」。そんな予感が私を怯えさせていた。

デモ隊は大通りの反対側から独立戦争の歌や闘いの犠牲となった英雄たちを称える歌を歌いながら、道路を封鎖してデモ隊をブロックしようとする警察官や兵士たちの方にどんどん近づいてきた。先頭にいた農民の指導者が警官隊と押し問答を行なっているうち、デモの隊列の端の方でもみあいが起きた。その様子を撮ろうとカメラをパーンしたとき、突然、警官隊がデモ隊に向けて発砲し始めた。

私は流れ弾を避けるため、あわててトラックから飛び降り、橋のたもとに駆け込んだ。すると、ひとりの男が警官に警棒で打たれ、額から血を流して哀願していた。

「やめろ、やめてくれ。オレはあいつらの仲間じゃないんだ。コーリー（アキノ大統領）支持だ。コーリーの支持者なんだ」

警官がカメラを持っている私に気づき、「いま撮影していたのか?」と私の腕をつかみにらんだ。そのすさまじい形相に私はすっかりおじけづいてしまった。この時ほど権力と直接、対峙することの怖さを思い知らされたことはない。近くにいた警官の同僚が声をかけてくれ、あやうく私は難を逃れたものの、そうでなかったらと思うと背筋に冷たいものが流れた。

メンジョーラの虐殺事件から数週間後、私はスタジオでビデオテープの編集を始めた。再生したテープには、武装警官たちがデモ隊に銃を向けている場面がはっきりと映っていた。ショックのあまり、あの時の鳥肌が立つような恐怖感がまざまざと脳裏に甦ってくるようだった。銃口を向けられた人々の気持ちを思うと今でも心が痛む。

私はメンジョーラの虐殺現場で、暴力による人の死を初めて目撃した。葬儀の日、家族の悲嘆ぶりに、私は胸がえぐられるような感情に襲われた。犠牲となった人たちには、殺される理由など何もなかった。彼らは合法的なルールにのっとって、デモを行なったにすぎない。

このドキュメンタリーは私が完成させるつもりだったが、どういうわけか、別の人間が最後の編集をすることになってしまった。たぶん共産党の上層部の指示があったのだろう。つまり、このドキュメンタリーは党の意向に沿って編集されねばならぬ、ということらしい。

それをきっかけに、党の体質になじめない自分というものを感じるようになった。やがて、党の活動から身をひく機会をうかがっている自分に気づいた。

ただ、ビデオでドキュメンタリーを制作する、という行為にはとても興味を覚えていた。だからもし再度このようなチャンスがあったなら、今度は自由な立場で制作にかかわってみたいと強く思うようになっていた。

そうこうするうちに、あるNGOを通して、日本のアジア学院というところで一年間勉強してみないか、という誘いがあった。この学校はおもにアジアの農業技術者を養成することを目的に設立され、毎年、数多くのアジアの若者が招かれていた。

最初は、正直に言ってあまり気乗りがしなかった。しかし、私自身、これからの目標がなかなか見つからないという不安もあり、結局、この誘いを受けることにした。日本という国にはとりたてて関心もなかったけれど、これで六年もの間かかわってきた地下活動から離れられる、とホッとしたのも事実だった。

こうして一九八七年四月、私はお花見の真っ最中の日本にやってくることになった。

●●●不法就労の町「コトブキ」に暮らす

アジア学院で八ヵ月間、農業などの勉強をした後、私はもっと広く日本という国を見てみたいと思うようになっていた。どこに行って、何を見るのか。実は私には以前から行ってみたいと思っていた場所があったのだ。

そこは通称「コトブキ」(横浜市中区・寿町)という街で、フィリピン人出稼ぎ労働者のメッカともいうべきところだった。そのころ寿町には何万人ものフィリピン人が住み、日雇いの肉体労働に従事していた。彼らは就労ビザを持たない、いわゆる不法就労の労働者たちだ。日本という国の姿を観察する滞在先として、そこは恰好の場所に思えた。世話をしてくれる友人の協力もあり、早速、寿町での生活が始まった。

不法就労の労働者たちが職を見つけるところは「センター」と呼ばれ、夜明け前から何百人という労働者がその日の仕事を求めてつめかけた。私もその群れの中に紛れ込んだが、本当に仕事にありつけるのかどうか、自信がなかった。周りを見ると、フィリピン人だけでなくパキスタン人、スリランカ人、それにラテン・アメリカ系の男たちもいた。日本人の場合はほとんどが六〇代の老人たちだった。

その日、私がありついたのは、横浜港の埠頭に停泊している中国籍の大型船から肥料に使う顆粒をシャベルですくい出す仕事だった。朝の五時に始まり、真夜中の一時まで作業は続いた。

仕事が終わるころには身体の節々が痛くなり、船の梯子を降りるのも辛いほどだった。あまりの重労働で、トイレに行く気力も失せ、デッキで用を足してしまった。初めての賃金は二万五〇〇〇円。労働はきつかったが、それでも自分で稼いだ金を受け取るのは嬉しかった。

立ちんぼ（日雇い労働者）の男たちは、娼婦のようなものだ。雇い主たちは鋭く目を光らせて、私たちを値踏みしようとする。若くて、力持ちで、文句を言わず黙々と働きそうな者が好まれ、生意気そうな態度をする者は嫌われているようだった。

帽子で顔を隠し、ひげはきれいに剃っていた方がいい。また、座っていると作業場でもそういう風にぶらぶらしてさぼりがちな人間だと思われかねないので、できるだけ立っているところを見せる方がいい。手配師たちは私たちを上から下までじろじろ見ると、目星をつけた者にだけ声をかけてきた。こんな屈辱的な儀式をパスして初めて、私たちは仕事につけるのだ。

寿町に来るまでは、ここの暮らしはただ搾取されるだけの、希望のない暗い毎日にちがいないと勝手に想像していた。しかし、この街には何ともいえない不思議な解放感と安らぎがあった。

私の周りにいる住人はみなそれぞれ個性があり、人間観察の面でも面白かった。寿町の女王と呼ばれているマーギーは二四歳までに四回結婚し、八人の子供を産むというパワーあふれた女性で、同じビルに住む男たちの母親であり、恋人だった。ダニーは高い教育を受けた中流階級出身の女性だが、厳格な教育を受けた反動からか頭がおかしくなり、いつのまにか寿町の住人となっていた。そのほか、ファッションモデルと呼ばれる色男のロメオ、乱暴者で味噌っ歯のミゲルなどなど。さまざまな経歴の人間たちがこの街に集まっていた。

ここの暮らしは厳しいものだが、不法就労者同士の連帯感があり、みんな家族と離れているぶん、互いのことを気づかう家庭的な雰囲気にあふれた街だった。

むろん、いいことばかりではなかった。大半が不法就労のフィリピン人たちはここでは少数派で、ともすれば差別の対象になりやすい存在だった。賃金や待遇の面でひどい扱いを受けながらも、私たちはガマンして働き続けるしかなかった。なかにはやはりテレフォンカードの偽造や売春などに関わる者も少数ながらいたが、それはむしろまれだった。

●出頭する

寿町での生活に慣れてくると、私は働くだけでなく、ここの生活の様子をビデオで記録できないだろうかと考え始めた。幸い、私はフィリピン人であり、友人たちを説得すればビデオを回せるかもしれない。祖国から遠く離れた日本の片隅で、家族に送金しながら懸命に生きる姿をドキュメントすることは、テーマとしても意義深いもののように思われた。

そこで私は貯金をはたいて中古の8ミリ・ビデオカメラを買い、日曜日などに周辺の風物を撮り始めた。働いている現場にビデオを持ち込むことは難しい。しかし、寿町に住むフィリピン人の日常生活は少しずつ記録できるようになっていた。

この頃はまだ撮影技術も未熟で、ストーリーをどのように構成していいのかもわからなかった。ただとりあえず、ビデオを回し、目の前のものを映すというだけで、それ以上のことを考える余裕もなかった。ビデオという道具は確かに私の生活を刺激的なものにしてくれたように思う。

しかし一方、日雇いの生活にだんだん嫌気がさしてきたのも事実だった。労働の厳しさもさることながら、ビザが切れ、不法滞在していることのプレッシャーに精神が耐えられなくなっていた。フィリピンに帰りたい、一度そう思うと居ても立ってもいられないほど故郷が恋しく思えてきた。

ある日、私はとりとめもない思いにふけっていたせいで、オートバイに乗った警官が数メートル先のところまで近寄ってきたのに気がつかなかった。その警官は私に、「日本人か？」と質問してきた。私はお辞儀をして、精一杯しおらしい声で「いいえ」と答えた。

「どこからきた？」

「フィリピンです」

「パスポート！」

それは私が一番恐れていたことだった。しかし、いざその時がきてみるとそんなに怖いという気持ちは起らなかった。「もし国外退去になったら、そのときはそのときだ」と開き直る余裕さえあった。このときは幸運にも、私がオーバーステイの労働者だとわかっていながら、この警官は見逃してくれた。あるいは彼には私を拘束する権限はなかったのかもしれない。いずれにせよ、私は無事に寿町にもどることができた。

しかし、この出来事は私の気持ちを微妙に変化させてしまった。緊張の糸が切れてしまったとでもいうのだろうか。もうそろそろ潮時かもしれない。そう思った。

数週間後、私は入国管理局に出頭する決心をした。そういう気にさせたのは、結局、恐怖心だったのかもしれない。しかし、それは警察や入管職員に逮捕されるという怖さや、仕事上の危険に対する恐怖心ではなかった。私が本当に怖れていたのは、先行きに希望が持てない日常と立ちんぼという仕事のなかで、プライドが傷つけられることに次第に慣らされていく自分自身のあり方だったのだ。工事用のヘルメットを見るだけで吐き気を覚えるほどに、ストレスが溜まっていた。もう限界だった。

私は緊張した面持ちで入管事務所に出向いた。ところが、手続きは拍子抜けするぐらい簡単だった。取り調べにあたった職員も親切に対応し、意外なことに、私は逮捕も拘留もされなかった。一応、法的な手続きのため、指紋や写真を撮られたが、刑務所送りにはならなかった。入管職員は私に手続の終わった書類を渡し、「一年たったらまた日本に来られるようになる」と言った。

寿町に来てから九ヵ月目、私はフィリピンに向けて日本を離れた。

このとき、寿町を撮った十数本のビデオテープも持ち帰った。だが、私の話に興味を持ってくれた日本の民放のマニラ支局に預けていたところ、いつのまにか紛失されてしまった。番組ができるほどのクオリティーがあったかどうかはともかく、当時の寿町にいた多くのフィリピン労働者たちの様子を撮影した、貴重な記録だったことは間違いない。それを思うと残念でならない。

●アエタ族との出会い

フィリピンに帰った私は、以前、マニラの人たちの抵抗運動を撮っていたときのように、何か社会的なテーマでドキュメンタリーを作りたいと思うようになっていた。テーマはなかなか決まらなかったが、寿町の体験から、社会の底辺に生きる人々の苦しみやお互いを思いやる触れ合いみたいなものを撮ってみたいと考えていた。

ただ帰国してからしばらくは生活のための仕事に追われ、なかなかジャーナリズムの現場にもどるチャンスはめぐってこなかった。その間、出版や編集の仕事などを手がけていたが、やはりどこか燃焼しきれない中途半端な気持ちのまま、いつのまにか数年の月日が流れてしまっていた。

私が本格的にドキュメンタリーの仕事にもどろう、と決心するきっかけを与えてくれたのが、アエタ族との出会いだった。

多民族国家であるフィリピンのなかでも、ルソン島の山岳部に住むアエタ族は、もっとも古くからルソン島に住みついていた先住民のグループである。伝統的な生活様式を守り、言語や信仰、踊りなど、独自の文化を育み、集落の外との接触をできるだけ避けて暮らしてきた少数民族だ。

しかし、一九九一年七月、ルソン島のピナツボ山で起った「今世紀最大の噴火」は、その周辺に住んでいた三万人のアエタ族の生活を激変させてしまった。山は厚い火山灰に覆われ、アエタ族は先祖から受け継いできた生活の場を追われたのだ。山を下りて避難生活を始めたアエタ族は、それまでなじみのなかった平地の人々や文化と関わらざるをえなくなった。平地での暮らしは、山の自然に根ざしてきた彼らの生活に大きな変化をもたらした。アエタ族の価値観も変わり、しだいに経済的な豊かさを求める人も多くなってきた。

私が初めてアエタ族に会ったのは九五年だ。私はアエタの人たちが、マニラの町で物乞いをしているのを目の当たりにしたとき、ひどいショックを受けた。私はルソン島北部・イロカノの出身であり、アエタ族と同じような肌の黒さをしているばかりでなく、話す言語も似ていたから、兄弟のように感じたのである。そして私はそのときから、アエタ族の人たちの生活を追おうと決心した――結局、私の取材はそれから二年にもわたることになる。

噴火からすでに数年がたったその頃は、アエタ族の半分がもとの集落にもどっていた。私はブヤウさんというアエタ族の家族のもとを訪れ、四ヵ月間いっしょに暮らした。ブヤウさんはアエタ族の伝統的ダンスの名手だった。アエタ族の踊りは猿、カエル、農作業など自然世界とそこに暮らすアエタ族の姿を表現している。人々はアエタ族を創りだしたナマルヤリの神に、自らの忠誠を示し、平穏無事な生活を祈るために踊る。

しかし伝統は残っているが、近代文化の波はすぐそこまで押し寄せ、このままでは伝統的な文

1991年6月に噴火した
ピナツボ山の山頂。
現在はカルデラ湖に
なっている。

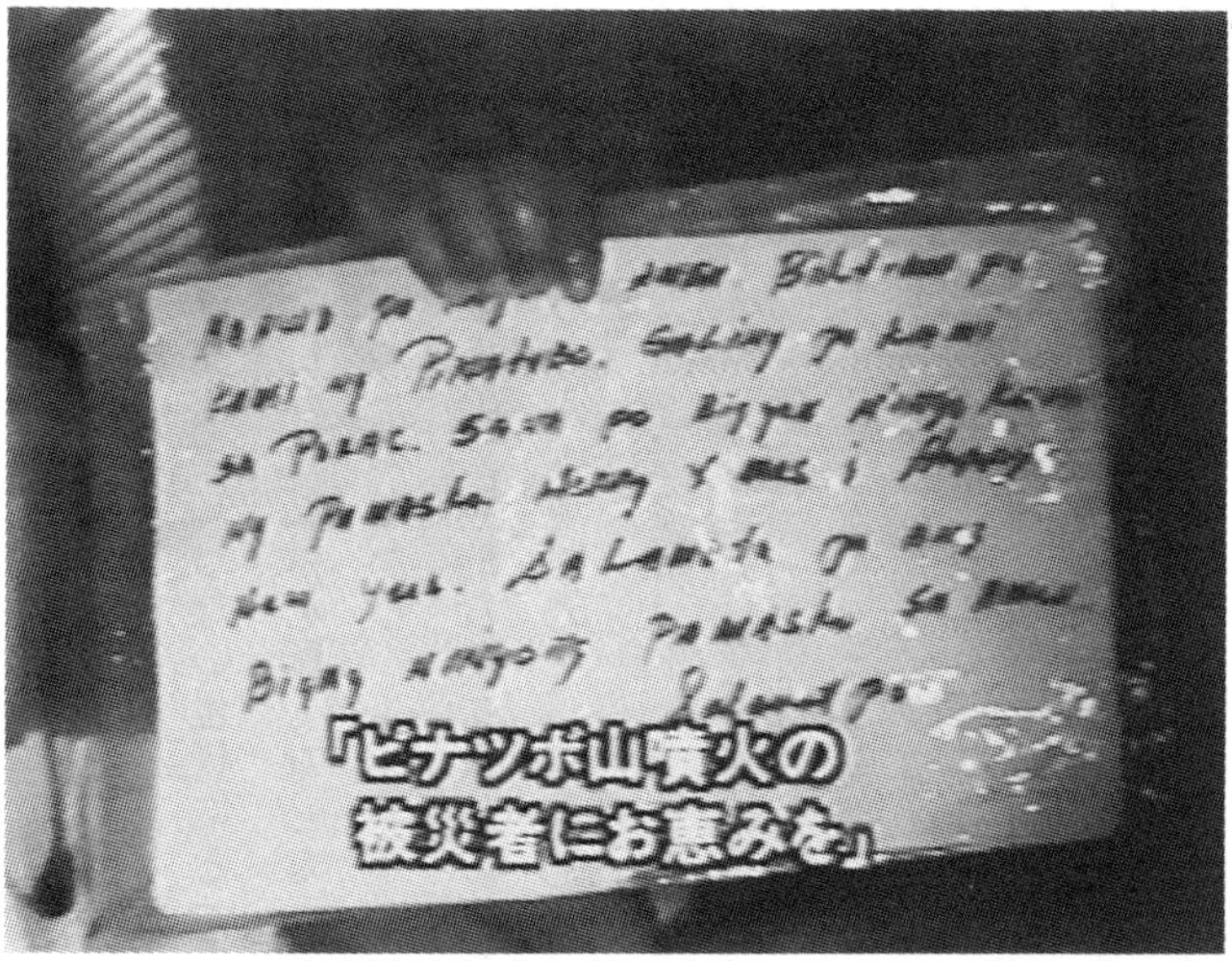
「ピナツボ山噴火の
被災者にお恵みを」

毎年クリスマスの
シーズンになると
マニラに多くの
アエタの人びとが
物乞いにやってくる

ピナツボ山噴火による
生活環境の変化は著しく、
アエタの人びとも自らの
アイデンティティを否定しつつある
アエタ族の聖地ピナツボ山山頂を訪れた
ヴヤウさんとその子供たちは、
精霊への感謝を込めて、
伝統の舞を披露する

この上ない喜びだ！

化は消えてしまうのではないか。アエタ文化を知らない世代にとっては、古きものへの理解がなくなり、やがて価値が失われるのではないかと私は心配でならなかった。ブヤウさんなどはすでに少数派であり、きわめて珍しい存在だったのだから。

私はこのドキュメンタリーにおいて二人の対照的なアエタ族の人たちを取材した。一人は伝統的なものを重んじるブヤウさんで、もう一人は現実的で、実利的なワヒンさんだ。ワヒンさんは、クリスマスにマニラで物乞いをして稼いだ資金をもとに、新しいかたちの農業*を試みたり、あるいは村で作った野菜などの作物をマーケットに卸す商売を始めるなど、時流に対応するのに優れている人だ。

私はワヒンさんのような人が増えれば、次第にアエタ族独自の文化が忘れられるのではないかと危惧する。アエタ族の人たちが商売を始めれば、お金の勘定も読み書きもできなければならず、学校での教育も受けなくてはいけなくなる。そうなるといやがおうでも世俗的な影響を受けざるをえないのだ。お金やテレビやアルコール、ジャンクフードなど、その影響は止まるところを知らない……。

「アエタの伝統が断ち切られないように、先祖の遺産を受け継ぎたい。それはまさにアエタの神、ナマルヤリに属するということだ。私はピナツボの神のところへ行く。そこで神に捧げる踊りを創りだしたい」というブヤウさんの聖なるピナツボ山への旅に私は同行した。その行程はつらく、苦しかったけれど、ブヤウさんといっしょにピナツボ山へ登るという喜びを共有した。ブヤウさんはピナツボ山に噴火以来初めて登り、聖なる山へ踊りを捧げた。それは四〇〇年にもわたる植民地支配の歴史*に対して、アエタ族のアイデンティティを保つ高貴な姿だった。

●NHKの体験

一九九九年十一月、NHKのETV特集で、私がそれまでに取材してきたピナツボ山のアエタ族の記録をドキュメンタリーとして編集することになった。私も日本へ渡り、その作業に加わった。ドキュメンタリーの編集は容易ではなかった。まず、私のアエタ族というテーマがNHKの基準を通るかどうかわからなかったし、NHKに十分に満足してもらえるかどうかもわからなかった。しかし以前放映されたというETV特集での同じテーマを扱った作品を見て、私は自分のもののほうが新しい映像や、違った経験があると自信を深めた。

NHKの編集は緻密であり、効率が良く、まさに見本のようだった。内容表の記入から、ストーリーの最終的な字幕付けにいたるまで、すべてが詳しく吟味され、一分の狂いもなく、正確に行

＊新しい形の農業　農薬を使ったり、畑を耕すのに人を雇ったりと、これまでのアエタのやり方とは違う、いわゆる近代的な農業手法を真似しはじめたということ。

＊植民地支配の歴史　フィリピンは四〇〇年にわたって、スペイン、アメリカ、日本の植民地支配にさらされてきた。その過程でフィリピンのほとんどの民族が同化されてしまった経緯があるが、アエタ族だけは固有の文化を守り続けてきた。とりわけ、アエタ族のなかでは土着のアニミズムに基づく「神」への信仰が根強く受け継がれている。

なわれた。それは自分にとって本当にいい経験だった。

ETV特集は四五分の番組だ。その四五分のための編集日数は二週間。しかし、私が十分に準備していなかったため、作業は大きく遅れることになった。作業の遅れの原因となったのは、私が（アエタ語から英語への）翻訳を十分していなかったことが大きい。ドキュメンタリーの最終的な編集、構成はNHKによって基本的に決められ、仕事全体に準備不足だった私は口を挟む余地もなかった。

アエタ族のストーリーの基本には、もちろん私が追いつづけてきたブヤウさんを据えることになったのだが、膨大なテープから、どのシーンを選びとっていくのかは、撮影した私にとってはとてつもなく決断のいる作業だった。家でくつろぐブヤウさんが登場する場面で、手もとのアップのカットひとつがないために、そのシーン全部が使えなくなったこともあった。「手もとのアップが三秒でもあればなあ」とつぶやく編集マンの一言は、撮影者である私にとってもつらく、また悔しいものだった。しかし、若い編集マンは、その理由ひとつひとつ丁寧に私に説明してくれた。これは大いに勉強になった。今度、取材するとき、何が必要なのかが明確になったからだ。

編集作業も追込みにかかると、徹夜の日々が続いた。NHKでは、組み上がった編集を担当のデスクやプロデューサーに見せる「試写」というものがある。試写は、ほぼ完成に近いかたちで出さなければならない。試写の前夜はまさに映像との格闘だった。担当ディレクターは真っ赤になった目をこすりながら、モニター画面の前でコメント合わせの作業を進めている。

時計が深夜二時を回りはじめた頃、あまりの眠気に彼の頭がガクンガクンと揺れはじめた。「すみません。座っていると眠ってしまうので立って作業します」。彼はそう言うやいなや、すくっと立ち上がり、起立したまま編集機の前で作業をはじめた。良い番組を作るために、こんなにも一生懸命になる人たちを見て、私の体に熱いものがこみあげてきた。

　そして、ようやくスタジオ収録の日を迎えたのだが、何だかとても慌ただしく済んでしまった感じだ。私には編集作業をしていた日々のほうが、つらくもあったが、楽しいものであったように思う。

　番組の放映を待たずに、私はマニラへ帰った。しばらくして、番組の録画テープが送られてきた。テープを再生してみると、スタジオで番組のキャスターを相手に私が話している場面が出てきた。テレビ画面に映し出されたその顔は、自分の顔でないようで恥ずかしくもあった。どちらかといえば私は、後ろでナレーションをやっているほうが合っているとそのとき思った。

●ビデオジャーナリストとしての私

　フィリピンにはビデオジャーナリストはほとんど実在しないといっていい。その理由のひとつは機材があまりにも高すぎることだ。Ｈｉ８やデジタル・カメラはもちろん、ビデオテープの値段なども四倍近くする。またフィリピンでは毎年一五〇本もの映画が制作されているのにもかかわらず、映画監督や演出家、脚本家などを育てる学校はひとつもない。しかし昨今のケーブルテレビや衛星放送の出現により、ドキュメンタリー作品の人気は高くなってきている。ただドキュメンタリーの大半が大きなテレビ局によって作られていて、独立したプロダクションもなく、フリーランス・ジャーナリストによるものはもっと少ない。

一般のテレビ局やケーブルテレビ（ＣＡＴＶ）はフリーランスの仕事を受け入れるが、ギャラの支払いの面で問題がある。彼らは気に入れば放映してくれるのだが、その際クレジットを入れるだけで支払いには応じない。ひどいときには企画のアイディアやコンセプトが盗用される場合もある。私がある局にアエタのストーリーの一部を持ち込んだときのことだ。ある日テレビをつけるとアエタのブヤウさんがピナツボ山へ歩いていくシーンが映し出された。丘をのぼりつめたブヤウさんが踊りを踊るのだが、実はその踊りが私のビデオにあったものとそっくり同じ踊りだった。彼らは私の登場人物のストーリーを盗んだのだった。

ジャーナリスト仲間の間で、私は「変わり種」と見られている。というのも私はほかのジャーナリストのように大きな会社に雇われていないし、ネクタイもしていない。

私がマラカニアン宮殿（フィリピン大統領官邸の中、記者会見がよく開かれるところ）へ行かずに、アエタ民族を訪ねて山へ行くと言うと、彼らは驚く。

「そんなところへ何をしに行くの？　日焼けするだけだよ！」

彼らにアエタ族といっしょに住み、ドキュメンタリーを作りたいと言うと、

「気をつけろよ。おまえの髪もアエタみたいにカールになるよ」と嘲笑される。

フリーのビデオジャーナリストの仕事などフィリピンでは社会的に認められておらず、単に趣味とか素人の間での流行のように思われている。それは役立つキャリアとか、職業だとは思われていない。

「カメラマンをやっているようじゃ、お金持ちになれないよ」

というのが一般的に言われていることだ。

この国際化の時代に、土着の文化は急速に消え去ろうとしている。グローバル（世界的）といいながら、実は欧米の文化が第三世界の文化を席巻しつつある。

次のテーマとしては、イフガオ族*の消えていく文化と、ルソン島中部・バナウェにあるライステラス（棚田）の破壊についてなど、どうかと思っている。また、ミンダナオ島・サンボアンガ周辺のバジャオ族*のストーリーもやりたいと思う。彼らは海のジプシーと呼ばれ、マレーシアから一九六四年にミンダナオ島に逃げてきた海に生きる民だ。これらの海の部族が都市では乞食になっている。漁民として、彼らは近代化のなかで、自分たちの生活を失ったのだ。

伝統や文化を重んじる、先住民族・少数民族などのこれからを絶えず意識しながら、もっといろいろなストーリーを作りたいと思っている。

*イフガオ族　フィリピンの北部ルソン島山岳地帯に暮らす少数民族。ライステラスでの稲作やさとうきび栽培などが主な産業で特に稲作に関連して様々な伝統的儀礼が行なわれている。

*バジャオ族　自らを〝サムマ〟と呼び、東南アジアのミャンマー、タイ、マレーシア、フィリピンにかけて、海岸部で杭上生活をしている。共通の言語と起源伝承を持ち、家船で水上生活をしながら自由に海域を行き来し、交易や沿岸漁業に従事している民族。

第2部　座談会「ビデオジャーナリストとしての私」

司会・野中章弘（のなか・あきひろ）●アジアプレス・インターナショナル代表。1953年兵庫県生まれ。インドシナ難民、エチオピア飢餓民、アフガニスタン内戦、カンボジア紛争、東ティモール独立問題など、アジア・アフリカを中心に第三世界の問題を取材。87年、アジア諸国のジャーナリストネットワークである「アジアプレス・インターナショナル」を設立。

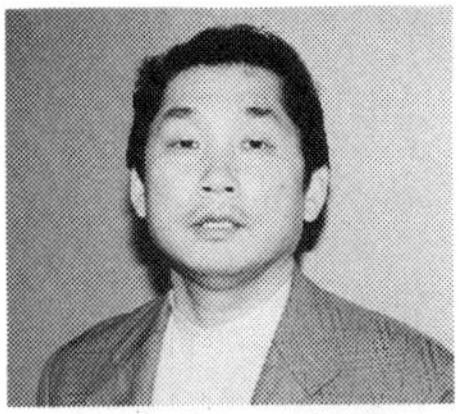

井部正之（いべ・まさゆき）●1972年東京都生まれ。米国東イリノイ大学ジャーナリズム学科卒業後、ミシガン州の地方紙カメラマンを経て、専門誌記者。アジアプレスの勉強会に参加しながら環境問題など独自のテーマを模索中。

押見真帆（おしみ・まほ）●1972年東京都生まれ。日本大学法学部卒業後、日本に帰国した中国残留日本人の子供たちの教育指導員を経て99年からアジアプレスに所属。現在、同東京事務所の専従スタッフ。中国の七三一部隊や残留日本人、戦後補償の問題をテーマに取材中。

慶淑顕（キョン・スッキョン）●1973年ソウル生まれ。慶北大学卒業後、千代田工科芸術専門学校放送芸術学科を経て、98年からアジアプレス東京事務所専従スタッフ。ベトナム戦争で枯葉剤を浴びた韓国軍元兵士や、中国朝鮮族の花嫁を取材し、ドキュメンタリー映画祭などに出品。

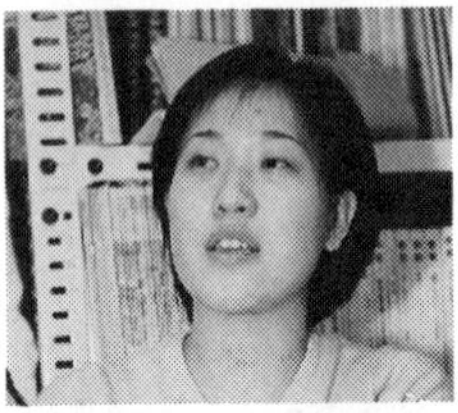

渋原千鶴子（しぶはら・ちづこ）●1969年茨城県生まれ。神戸大学法学部卒業後、日本映像記録センターを経て、96年からアジアプレスに所属。現在、アルバイトで生活を支えながらインドネシア・イリアンジャヤ州の先住民族の取材活動を続けている。

綿井健陽（わたい・たけはる）●1971年大阪府生まれ。日本大学芸術学部卒業後、自動車工場期間工などを経て、97年からジャーナリストの道へ。98年から２年間、アジアプレス東京事務所の専従スタッフ。スリランカ民族紛争、東ティモール独立問題、インドネシアなどをテーマにビデオ作品や写真・記事を発表している。

●●●なぜ、ビデオジャーナリストなのか

野中　今回の『アジアのビデオジャーナリストたち』の執筆者以外で、ビデオジャーナリストやジャーナリストとして活動を始めた人たちに今日は集まってもらいました。本書の中では執筆者一人ひとりが、自分がなぜビデオジャーナリストになろうと思ったのか、その仕事に対する魅力とか、楽しさとか、難しさとかについてそれぞれの原稿の中で語ってあります。

ここでは、もう少し話を広げて、かつ本音に迫った話を座談会形式でしてみようと思います。まず、なぜこの仕事をしようと思ったのか。そして、どんなことをテーマとして取り組みたいと思っているのか。さらに、自分が一番やりたいテーマを取材するにあたって、テレビ局や新聞社などの大メディアに属するのではなく、インディペンデントのジャーナリストというスタイルをなぜ選んだのか、そのあたりのことから話を始めたいと思います。

渋原さんの場合は、大学を卒業してしばらく番組制作プロダクションにいましたよね。それを辞めてビデオジャーナリストとしての活動を始めるまでのいきさつを教えてもらえませんか。

渋原　正直に言って、以前はフリーという考えは全くありませんでした。私は、自分のやれることが六割程度でもできる環境があれば、むしろ会社員でもいいと思うのです。

最初に入ったテレビのプロダクションはバラエティーやワイドショー番組を専門に制作しているところだったのですが、二週間しかいられませんでした。事実を伝えるというよりも、面白いことを聞いて、「このコメントいいじゃない」みたいな感じで、編集してきた三時間ぐらいのテー

プを一〇分ぐらいにまとめる作業が本当に嫌になってしまいました。マスメディアという業界で仕事を続けていくこと自体に疑問をもちました。

その後、「日本映像記録センター」（『素晴らしい世界旅行』や『知られざる世界』を制作していた日本テレビ系列の制作会社）というドキュメンタリー番組専門の制作会社に移りました。でも、そこではちょっと社長と反りが合わなくて辞めました。

その後、アジアプレスに一年間だけ専従スタッフ（アジアプレス全体の取材活動・業務全般を支えるために、東京事務所に常駐する）という形で入りましたが、今はいろいろなアルバイトをしたりしながらイリアンジャヤ*に行ったり来たりという取材を続けています。

野中　押見さんはアジアプレスの専従スタッフになる前は、立川の小学校で中国から帰国した子供たちに日本語を教えていましたよね。今は、取材者として中国と関わっているわけですが、なぜジャーナリストとしての道を選んだのですか。

押見　私の母方の家系は戦後中国から引き揚げてきたので、日常会話に中国語が混ざったり、また中国の料理などを食べる機会も多く、自然と中国についてなじみがあったように思います。

大学に入って残留孤児・婦人の支援ボランティアをしていたときに、私たちは運良く帰ってきたけれど、帰ってこられなかった人たちもいるのだということを痛切に感じました。戦後帰国できた人たちは今どういう状況なのか。私の中で何か助けになりたい、何か力になりたいという思いがわいてくるようになりました。

それで、もっと中国語をちゃんと勉強しなければいけないと思って、大学卒業後、ハルビンの大学に留学しました。帰国後、立川の学校で中国残留日本人二世、三世の教育指導員の仕事にかかわりますが、そこで感じたのは、学校と家庭の間の意思疎通ができていない、もしくは子供たちがどういう状況にあるのかを正確に把握している人が、どこにもいないということでした。マスコミで報道されている内容も、かなり間違っているか、歪められている。そして、それが子供たちにも心の傷となって残っている。こんな状況を見ていて、私自身が中国帰国者の子供たちの本当の姿を伝えるべきではないかと思うようになったのです。

そんな時、九八年五月にNHK教育テレビの『ETV特集』でアジアプレスの季丹《キタン》さんが作ったチベットの作品「ゴンプさん一家の春夏秋冬」を見て、人物を静かに丁寧に追って行く彼女の取材方法にすっかり魅了されてしまいました。

綿井　僕は小学校のころからずっと新聞を読むのが好きで、そのころから新聞記者になりたい、世の中の動きとか出来事を追って取材したいという思いはずっとありました。大学に入ってからも、学生が作る大学新聞の記者などをやっていました。

大学を卒業するあたりから、最初の一〇年ぐらいは新聞記者をやって、そこで訓練を積んで、それからフリーになって世界の民族紛争とかニュースを取材したいと将来のことを考えていました。いきなりフリーでやるのはちょっと無謀だと思っていたのです。ですが、新聞社などの試験

＊イリアンジャヤ　六〇年代にインドネシアに併合されたニューギニア島西部の地域。インドネシア支配に不満を持つメラネシア系先住民族の間で独立運動が続いている。弓と槍を主な武器にして独立闘争を続ける武装組織も存在する。

はすべて落ちました。ならば、「最初から自分で始めるしかない」と思って、自動車組立工場で半年ぐらい期間工をやっておカネをためて、カメラの機材をそろえて、九七年にスリランカ民族紛争*の取材に三ヵ月間行きました。その取材に行く前に、アジアプレスを訪ねて取材の相談にのってもらったのが、アジアプレスとの最初の関わりです。

それまでは写真と活字で取材・表現する方法しか頭にありませんでした。テレビのドキュメンタリー番組を見るのは以前から好きでしたが、自分がビデオカメラで撮影して取材するというビデオジャーナリストというのはほとんどイメージできなかった。でも、九八年からアジアプレスのメンバーになり、ビデオで取材し始めると、それがとても新鮮で何か自分の取材方法にとても合っているような気がしました。新しい取材・表現手段と出会ったという感じです。僕自身はこれからも映像・写真・活字というさまざまな媒体を駆使して、ニュース取材を中心に続けていきたいと思っています。

井部　イリノイ州の大学でジャーナリズムを学んでいまして、その学校には日刊紙・週刊紙・月刊紙・季刊誌・年鑑、それにテレビ局がありました。その中のプリント・メディアには結果的にすべて関わっていたことがあるのですが、長く活動していたのは日刊紙と月刊紙です。ここで記事を書いたり、写真を撮ったりしていたのですが、アメリカ人と英語の記事で競い合うのは無理だと思い、写真中心に活動するようになりました。大学の新聞で活動したのは二年ほどです。

卒業間際に地元の新聞社と面接したら、インターンとして雇うということだったので、三ヵ月ほどそこでカメラマンをしました。その後、ミシガン州の小さい新聞からスタッフ・フォトグラファーとして雇うといわれたので、ミシガンに引越し、そこで九ヵ月間社員として働きました。本当はその後もビザを出してくれるはずだったのですが、たまたまビザが出なくなってしまって日本に帰ってくることになりました。

帰国して、とりあえず生活費を稼ぐために専門誌でアルバイトを始め、取材の元手を作るため、社員になることにしました。資金的にある程度のメドがついたときに辞める踏ん切りがつくかどうかですが、もしここで自分の好きなことができるのなら辞めなくてもいいんです。ただ、そういうことはなさそうなので、今後のためにも、アジアプレスでいろいろ勉強させていただいているところです。

慶　私は小さいころからアフリカの自然などのネイチャー・ドキュメンタリーを見るのが好きで、将来はそれを自分で撮りたいと思っていました。でも、私が中学生だった八七年に韓国で民主化運動*が盛んになると、徐々に私のなかで意識が変わり始めました。社会問題に興味を持つようになったんです。学生運動に対して封建的な考えを持っていた父と、当時大学生で学生運動に熱心だった兄はいつも討論をしていました。学生と警察が街で衝突しているときは、私も近くにいたのですが、テレビの報道で見る映像はまったく違う印象で、「学生が暴れている、荒れている」と

＊スリランカ民族紛争　タミル人独立国家を求める反政府ゲリラと、シンハラ人主体の政府軍の内戦状態が八三年以来続いている。

＊韓国の民主化運動　当時の全斗換大統領が憲法改正方針を撤回したため、野党・学生・市民らが大規模な抗議運動を全土で展開した。その後、大統領直接選挙制を導入する改憲受け入れなどの民主化宣言が発表された。

いう報道だった。その時、既成のマスコミの報道姿勢に疑問を持ったんです。

その後、九五年に日本の映像技術専門学校に留学した後、ＫＢＳ（韓国放送公社）東京支局のコーディネーターの仕事をしていて、日本のビデオジャーナリストの企画を取材するときにアジアプレスと出会いました。「フリーのジャーナリスト集団として自立した表現の潮流を生み出す」「アジアのジャーナリストのネットワークを広げる」というアジアプレスの理念に共感しました。当時、韓国では「フリーのジャーナリスト」というのはほとんど存在さえしていませんでした。

映像技術をこれ以上学んでも、私には役立たないと思ったので、専門学校も一年ぐらいで中退し、韓国に戻りました。東京メトロポリタンテレビ（ＭＸＴＶ）の「アジアリポート」という番組を通じて一年間で一〇本近くのビデオ作品を発表することができたのですが、いま考えてみると、理論も未熟、経験も足りない私にとって、実践を通して多くのことを学ぶことができた良いチャンスだったと思います。

●フリーで活動することの意味とは

野中　フリーで活動するのと、メディアや制作プロダクションに所属するのと、自分ではどちらがいいと思いますか。
渋原　正直に言って、やはりどちらもどちらだと思うのです。というのは、フリーはフリーで、経済的な問題があります。フリーだと取材と生活を支えるための資金を貯めなければならないと言うのが、かなり大変です。まだ若いうちは、アルバイトをしながらおカネを貯めて取材に出るという生活も苦ではありませんでした。でも最近は、資金をためるために日本でバイトしたり、切りつめた貧乏生活というのが精神的にきつくなってきたのです。

最初に野中さんと出会ったとき、「才能というものがあるとすれば、この仕事を続けられる根気があるかどうか、その一点に尽きる」と言われたのを覚えていますが、その時は続けるなんて簡単だと思っていたのです。でも、最近はずっしり金銭的なことが重くのしかかってきていて、「これで本当に辞めてしまう人もいるのだろうなぁ」というくらい厳しい状況です。

私は今年、日本テレビの夕方のニュース枠で、四分半のイリアンジャヤのリポートを放送しました。放送できたことは嬉しかったんですが、それで得たギャラは、私が四ヵ月の取材費として使った百数十万円の三分の一も埋め合わせできませんでした。そういう意味では、今のところ採算はとれません。

でも一方で、自分が選んだ道は間違っていないとも思います。なぜならば、何のテーマをどんな風に、いつ取材するのか、そして自分がそれをどのように表現して人に伝えるのか……。フリーだからこそその自由さは、やはり自分には向いていたと思います。また、何と言っても、企業に頼らない『私』という一人の表現者として独立した活動ができるし、自分がやってきたことは自分の中に、経験、知識、キャリアとして積み重なってゆくので、頑張りがいもあります。

既存のマスコミ業界の中に会社員として、歯車の一つに組み込まれてしまうと、どうしても使い捨てにされてしまうのが現状ですし、大きな企業でも、自分のテーマを長く続けて専門性を持つというようなやり方は、やはり難しいようです。

野中　押見さんはアジアプレスの専従スタッフになって、ちょうど一年ぐらい経つわけですが、専従スタッフを辞めて一人でやっていくことに対する不安とか、あるいはそれに対する期待とか、どう感じていますか。

押見　いま私は専従スタッフなので、まだ経済的にも恵まれています。ここで基礎的なビデオカメラの使い方や写真の撮影の仕方、取材の仕方、文章の書き方、構成の立て方、取材相手との距離の置き方、人間関係などを学んで、いろいろ吸収したうえで独立していくのが私の課題です。いますぐ専従スタッフを離れるのは、やっぱりちょっと不安があります。

綿井　昨年、東ティモールの独立問題*を重点的に取材していました。合計で四ヵ月ぐらいです。野中さんとも一緒に行きましたし、アグス・ムリアワン君（アジアプレス所属のインドネシア人ジャーナリスト。昨年九月二五日、東ティモールで独立反対派民兵に殺害される）はこちらが日本にいる間もずっと現地で取材を続けていた。

東京からの飛行機代、車のチャーター代、宿泊費、食費、通訳代など、いわゆる取材にかかった経費を全部合わせると、平均すれば最低でも一人三〇万円以上は毎月かかっていたと思います。それに対して、放送のギャラ的な見返りは、「えっ、これだけ？」というぐらい少ないものです。番組によってもちろん違いますが、たとえば東ティモールで住民投票後、騒乱状態になった直後に放送したTBSの「ニュース23」のギャラは、五〇万円。そのほかにもいろんなテレビで放送しましたが、赤字であることは間違いないでしょう。

けれども、昨年一年間でテレビ、雑誌といろいろ発表できて、金銭的な見返りではない部分での、やりがいは、サラリーマンをやっている僕の友人たちよりはかなりあったと思います。たとえ同じような仕事をしている新聞記者の友人でも、地方の支局に勤めている人からは「自分のやりたいことができていいな」と言われます。

二年間、アジアプレスの専従スタッフとしていろんな取材を経験させてもらいましたが、これからが問題です。僕は一寸先は闇だといつも思ってきました。これからは、より一層の緊張感やプレッシャーを逆にエネルギーに変えて臨みたい。

●●●ドキュメンタリーとニュース

野中　アジアプレスの中でも、中国のメンバーみたいに一年、二年と時間をかけて取材し、ドキュメンタリー作品を作るというスタンスを持っている人もいれば、綿井君みたいに一、二ヵ月間取材をしてニュースリポートを制作する人もいる。皆さんは、自分の取材のスタンスをどう考

＊東ティモールの独立問題　一九七六年にインドネシアが武力併合した東ティモールでは、四半世紀にわたり、独立運動が続いてきた。九九年に住民投票が行なわれ独立派が勝利したが、その後騒乱状態に陥り多国籍軍が介入。インドネシア国軍が撤退後、現在は国連暫定統治下にある。

えていますか。

押見　私にはニュース的な取材はちょっと合わないのではないか、と感じています。不器用ですから、素早く的確に行動しなければならない取材方法は、ちょっと苦手なんです。たとえニュース的な事件を扱うとしても、その事件の中心にいる人物を丁寧に取材していって、彼らたちが何を考え、何を感じているのかを伝えるのはけっこう時間がかかると思うのです。理想を言えば、季丹さんが『ＥＴＶ特集』で放送した「中国残留日本人婦人」の作品のように、丹念にインタビューを撮っていって、ドキュメンタリーとして発表するようなやり方が私に合っていると思います。

井部　個人的にはニュースかドキュメンタリーかというのは、結果的にどちらになるかということで、どちらでもいいのではないでしょうか。あくまで手法の違いでしかないと思います。単純化していえば、出す側としては長い方がうれしいわけで。まあ、みなさん「これはニュース専用」という形で取材する人はいないと思います。取材のスタイルとしては、やはり事情が許すなら、腰を据えて長期間取材したいですね。

野中　渋原さんが取材しているイリアンジャヤは、インドネシア情勢の絡みもあって、最近わずかながらですがニュースとして登場してくる地域になりました。そこで取材するとき、現地の人たちとどんな信頼関係を築いていくのですか。

渋原　イリアンジャヤは、ちょっと特殊なケースだと思いますが、私が一番最初に行った国境地帯のゲリラの人たちや難民の人たちは、今まであまり取材されたことがないということで、「とにかく、だれでもいいから私たちのことを伝えてくれ」という感じで、すぐに信用してくれました。その時、私はまだぜんぜん大きなメディアで発表したことがなかったので、一人前のジャーナリストとして相手が完全に信頼してくれて、逆にやばいと思いました。これは「頑張って、期待に応えなければ」、と正直いって焦りました。

彼らには『自分たちの思いを世の中に伝えてほしい』という思いが強いだけに、どうにか発表して人に知ってもらわねばというプレッシャーが、すごくあります。時々夢を見てしまうぐらいです。使命感というような大層なものではなく、要は気が小さいんです。「発表するという〝契《ちぎ》り〟を交わしたのに、私は、まだ約束を守っていない……。バチがあたるんじゃないか」とビクビクしてしまうのです。自分が現地で受けとめた人々の思いをどう世間に発信していくか、どうしたらよく伝えられるか、こうしたプレッシャーは、今でも取材に行く度に感じます。

また、イリアンジャヤでは女性の地位が低いので、私もどこの馬の骨とも分からない奴と思われることがよくありますが、誠意を見せて少しずつ信頼関係を積み重ねていくしかないと思います。彼らと同じものを食べ、同じ所に寝てということをしていると、自然に彼らの方が私を受け入れてくれるようになると思います。私が蟻んこの入った水を飲んだり、現地の人と同じものを平気でバクバク食べるのを見た村人が、「欧米の記者が来たとき、水や食料を持参して決して私たちと同じものは食べなかった。あなたは他の人とは違うね」と言ってくれたときは、本当にうれしかったです。

ただ、彼らにとけこむ一方で、自分が何者なのかを相手に明らかにして、時には毅然とした態度を彼らに示すのも重要なことだと思います。そうでないと、相手の人は自分を取材者としてではなく、彼らに好意を持った友人と受け止めて、自分が知りたい、聞きたいことがなかなか聞き出せなかったりすることもあります。取材対象者との人間関係は、ある意味で一番難しいかもしれません。

慶　九七年に私は、『インディー・フォーラム』という韓国の映画祭に「コリアン・ドリーム」という中国からきた朝鮮族花嫁を取材した作品を出品しました。この作品は以前に日本のテレビで一〇分間の短い番組として放送された作品を、二〇分に再編集したものです。ある知人は私の作品をみて「韓国のドキュメンタリーが論争的で、状況に介入しがちなのに比べて、あなたの作品はいつも対象と距離感を保ち、自分の声を低く落としているので、ネイチャー・ドキュメンタリー風だ」と言ってくれたことがあります。私はある状況に自分が介入したり、問題提起や主張するために主人公を立てるのではなく、その人物の声に耳を傾けることがまず大事なのではないかと思っています。

野中　ニュースの現場では日本のメディア以外にも、BBC（英国放送協会。国際衛星放送「BBCワールド」で二四時間ニュースを放送している）とか、CNN（アメリカの二四時間ニュース専門のケーブルテレビジョン）とか世界の巨大メディアと同じ土俵で取材をするわけですが、取材方法も含めて、どのようにそうした巨大メディアと自分たちの仕事を差別化しているのですか。

綿井　僕の場合、スリランカ民族紛争の取材をなぜ始めたかというと、大きなメディアがほとんど取材していないテーマを選びたかったからです。パレスチナやアフガニスタンのような、これまで日本でもたくさんのジャーナリストが取材している地域よりも、伝えられない地域をとにかく自分の目で見て確かめて伝えようと思ったのです。その思いは今も変わりません。

去年の東ティモールの取材では、世界各国から三〇〇人ぐらいの報道陣が集まった時期もありました。日本のメディアもすべて来ていました。けれども、そういったニュースの現場でも、とにかく僕らの視点とか取材の方法を生かせば、それで大きなメディアと対抗して発表できると思いました。

去年八月の住民投票の時も、メディアがたくさん来ていましたが、投票の時はみんな中心都市ディリで住民が投票するところを取材していました。でも、僕と亡くなったアグス君は、そういう他のメディアが伝えるのと同じ取材は無視して、独立派ゲリラが投票するところに絞って取材をしていました。森の中で何日も前からゲリラと一緒に暮らして彼らの様子を追っていたのです。その現場には僕たち以外はだれも来ていませんでした。

去年はずっと最初から独立派ゲリラの取材を続けていたのですが、大メディアと同じような対象を同じような取材方法で、僕たちがしても意味がないのです。そういう速報的なニュースの勝負を僕たちは大メディアに挑んでいるのではない。他のメディアとは違う視点、切り口で、ニュースの取材をする。いわば「ゲリラ的」な取材だったと思います。そして、短期的には短いニュースとして発表しながらも、最終的にはやはりドキュメンタリー番組に結びつけるという取材方法をとりました。

だから、これからもたんに大きなメディアが伝えない地域や問題だけに取り組むというのではなくて、たとえ大メディアが集まっている所でも、自分たちの視点を生かして、僕自身はどんどん乗り込んでいきたいと思っています。それと、僕は単に日本のメディアだけを通じて、日本人だけに伝えようとは思っていない。去年はＢＢＣやロイター・テレビジョン（英国の国際通信社ロイターの映像ニュース配信部門）、ＡＰＴＮ（アメリカの国際通信社ＡＰの映像ニュース配信部門）などいろいろな海外メディアを通じて、アジアプレスの撮った映像を配信しました。

国際報道に携わる以上、いつも世界の人々に訴えたいと考えています。アジアプレスの取材映像や作品をもっと世界のメディアを通じて伝えたい。

●女性の立場・視点をどう生かすか

野中　アジアプレスは女性のメンバーが多いのですが、将来ビデオジャーナリストを志望する人たちを見ても、女性の方が増えている。女性であるからビデオジャーナリスト的な取材がしやすい、あるいは信頼されやすいといった経験はありませんか。

押見　中国では、私は取材者として女で良かったと思いました。「日本からわざわざ、しかも女のジャーナリストが来ているよ」と話題になり、集まってきた人びとの協力が得やすかったからです。やはり女性の取材者の方が、話しやすいのではないかと思います。

私としては相手が話し出す時をゆっくり待って自然のなりゆきに任せていますし、相手も私が女性だからリラックスして話をしてくれた面があります。だから相手との信頼関係はできたと思います。ただ、ビデオの使い方もあまり訓練しないまま取材に行ってしまったので、大変苦労しました。（笑）

慶　女性に話を聞くとき、私も女性だから話しやすいという程度のことはあるかもしれません。私は以前「中国からきた朝鮮族花嫁」というビデオ作品を作りました。韓国の農村部の新郎と中国からきた朝鮮族花嫁との国際結婚は不幸なケースがとても多いのです。取材の最初のころは花嫁たちとの関係は気まずかった。同じ民族で同じ言葉が通じる韓国に来た彼女たちでしたが、まったく見も知らぬ私はやはり警戒されました。

しかし、同じ女性という立場から封建的な韓国の男性について話したことをきっかけに、徐々に彼女は私の存在を受け入れてくれました。朝鮮族の花嫁の取材が終って、私の母と放送した作品を見ると、母が「この画面に出てくる新郎と、あなた自身が結婚したかったたんじゃないの？」と言うぐらい、新郎とも親しくなっていました。それはやはり画面に表れるんですね。

相手をただ取材対象としてみるのではなく、人間としての共感がまず最初にあることが大切だと思います。これがビデオジャーナリストの基本だと思うし、そうした思いも含めて作品にできるのがビデオジャーナリストの特徴と思う。でも、相手に対する共感が逆に誤解を生むこともあります。特に男性との関係は少しむずかしい。インタビューする時、こちらはあくまで取材者として対応しても、相手からは女性として意識されるときもあります。取材者以上の人間関係を期待してこられる時はとても負担に感じます。特に韓国では、私のように年下の若い女性が取材者の場合、相手から自分の娘や妹のように扱われることも少なくありません。

野中　渋原さんは単身でゲリラのキャンプに長期間滞在しましたよね。女性であることでいろいろ危険だと思うようなリスクを常に感じていたと思うのですが、そういったリスクを避けるために何か気をつけたことはありますか。

渋原　ゲリラの人たちは信用できても、周りが男性だけになるとやはり少しは緊張します。イリアンジャヤの場合、困るのがトイレとお風呂です。お風呂でも、山の中に入ってしまうと、日本のように壁があって鍵がかかるような所は、ほとんどありません。川で水浴びしたりすることが多いのですが、そのような時に、女性がいないと心細い。私が川に一人で行こうとすると、近くの村のお母さんが子供を連れて付いてきてくれたりすると、ものすごくこちらは安心するのです。

他に、女性として気をつけていることは、「男性と二人だけで、どこかへ行かないように。行く場合は、必ずだれとどこに行っているかというのをほかの第三者に教えていくこと」。初めて取材に行く前に野中さんから忠告されたことで、やはりそれは守るようにしています。

野中　取材上のリスクという点では、アジアプレスでは去年、アグス君が取材中に殺害されるということがありました。ニュースの現場では、紛争地域などリスクの非常に高い現場がある。それについて綿井君はどう考えていますか。

綿井　リスクはある程度は覚悟していますが、計算もしています。とにかく、この先を行くとどうなるか、どれくらいの危険度だとか、やはりそういうことはいつも頭に入れて、その場その場で判断しています。自分では無茶な取材はこれまで一回もしたことはないと思っています。

それは去年のアグス君のケースでも同じで、僕は彼とそれまで常に一緒に行動していましたが、彼も無謀な行動を取っていたわけではありません。本当にいろいろな偶然の要素が重なって殺害されたわけです。初めて会う人や僕の友人でも、「危険な所ばかり取材に行くんですね」とか言われますが、僕自身はそんなつもりはまったくありません。たんに危険な地域の取材というのなら、もっとほかに本当の修羅場をくぐり抜けてきたジャーナリストがたくさんいる。

僕自身は、そこが大事だから、そこの現場に行かないと伝えられない、と自分自身が思うからそこに行くのです。そのうえで、危険な場所はどこなのか、しかもどれぐらい危険なのか、いろんな情報収集をして、信頼できる人の情報も得て、なるべく的確な状況判断をするようにしています。この取材をするかどうか、この地域に入るかどうか、あるいは途中で引き返すことも含めて、ジャーナリストとして一番大事なことは、最終的に自分の責任で決めるということです。

去年、東ティモールが騒乱状態になったときでも頻繁に東京の野中さんと携帯電話でやりとりをしていました。これからどう行動すべきか、いざというときにどこに逃げるかも相談しました。でも、いつも野中さんは最終的には「では、綿井君はどう思う」と、僕の判断を尊重してくれました。アドバイスはできても、現場と離れたところで最終的な指示は出せないのだと思うし、出すべきでもない。とにかく自分で冷静に判断するしかないのだと思います。

そういう判断力、決断力というのも、ジャーナリストの資質の一つだと思います。もちろん、どんなに冷静に判断していても、全く自分が意識していないところで危険な状況に巻き込まれることはあります。東ティモールはむろんのこと、インドネシアのアチェ（スマトラ島西端の特別州。

インドネシアからの分離・独立運動が活発化している）ではインドネシア軍兵士から至近距離で発砲されたうえ、暴行を受け、本当に殺されるかもしれないと一瞬覚悟したこともありました。これからもそんな現場に偶然出くわすことはじゅうぶんあり得ると思います。

野中　綿井君の場合は、これから当分の間はニュースの現場で、そういう取材を続けていくことになりますか。

綿井　そうですね。ニュース的な取材を重ねつつ、その地域で最終的に長いドキュメンタリー番組なり、一冊の本なりにまとめるという作業を並行してやっていくというのが自分のやり方です。そんなにあちこち、何でもかんでも取材に行くというのではなくて、やはり自分が重点的に取り組むスペシャリスト的な地域や問題を、二つとか三つとかに徐々に絞り込んでいきたいと考えています。

●ビデオジャーナリストの存在意義

野中　ニュースの現場では、大メディアがＥＮＧカメラ（放送局が使用する業務用ビデオカメラ）を使い、ディレクターやカメラマンら二、三人のクルーで取材をするというのが今も一般的です。小型のビデオカメラで取材をしている人も増えているけれども、まだまだ少数派です。そんな現場でビデオジャーナリスト的な取材の仕方の可能性というか、大きなＥＮＧカメラで取材することとの違いとか、何か感じたことはありますか。

綿井　去年、東ティモールで気づいたのですが、大きなメディアも小型のビデオカメラを持ってきて撮影しているのです。ＥＮＧカメラと並行して、別の人が小さいカメラで取材しているテレビ局や映像通信社が結構いたんですね。日本のメディアもそうです。でも、僕たちと何が違うかというと、取材している対象とその距離感だと思います。大メディアはやはりゼネラルな取材が中心です。大きな動き、大きな行事に合わせて大量に取材に来る。そして特派員が現場レポートを送るという方式ですね。

でも、ビデオジャーナリストが同じようにそれをしても意味がない。欧米のフリーのビデオジャーナリストも何人か来ていましたが、本当に一点集中という感じです。ある特定の人物だけを追うとか、この村だけを追うという取材方法をとっていました。それがビデオジャーナリストの闘い方だと思うのです。

野中　ゼネラルではなくて、何かテーマを絞るという取材ですね。

綿井　そうです。世界からメディアが三〇〇人来ようが五〇〇人来ようが、そこでとにかく自分はこれを追うのだ、とにかくこの対象を突き詰めて撮るのだということです。東ティモールでは早くから独立派ゲリラの取材を始めて、彼らの拠点の山に入り、そこで一人の女性ゲリラを重点的に長期に取材するという方法をとりました。

大メディアと同じ対象を同じように取材していたのでは、僕たちのオリジナリティーは発揮できない。同じ対象を同じような取材で撮った映像だったら、メディアは僕たちの映像を使う必要性はまったくないわけです。

野中　ビデオカメラの技術的な話になりますが、押見さんはこの前初めてビデオカメラを撮影したわけですが、使ってみてどうですか。

押見　カメラの操作自体は本当に簡単で、そういう意味での練習は基本的な操作を覚えれば大丈夫ではないでしょうか。問題は、何をどう撮るかという意識を磨くことと、全体の構成の立て方をもっと勉強しなければだめだと痛感しました。初めて取材にいった時、ビデオカメラのレンズのふたを取っていないまま撮影していることに気づき（笑）、電源が入っているのに映らないと大騒ぎしてしまったことがありました。

渋原　やはり、技術を習得するという意味では短時間でできるし、本当にいい。だれでも覚えやすいと思います。ただ、撮影技術というか、映像での表現技術は奥深いものがあるので、もっといろいろ勉強しなければいけないことがいっぱいあると思います。けれども、何といっても小型であるということは女性にとってはありがたい。

　プロダクションで働いていたときも、自分ではカメラを回したことはなかったんですけど、見ていると本当に重そうでした。男の人でもヒイヒイ言いながらやっていました。そういう意味では手軽になったし、バッテリーも今では一個で八時間近くも撮影できます。だから、私がジャングルに入って撮影する場合にはすごく都合が良くなった。

　ただ一つ弱点は、写真のカメラと違って民生用（家庭用）のビデオカメラは壊れやすい。だからそれが一番怖い。やはりどうしても、二台は持っていくことになります。

技術的な問題は、他人が撮った映像を編集するとすごくよく分かる。他人の撮影素材をいざ編集しようと思って見ると、「この映像が足りない」「何でカメラはこの後ここに移ってしまうの」とか、何が問題なのか理解しやすいことが分かります。だから自分が撮影するときはこうしようとわかってくる。編集の経験は自分にとって有意義でした。

綿井　自分で撮影して、それを編集してというのを繰り返していくと、現場で取材している段階から頭の中で映像を編集するようになる感覚が身につきます。「いまこの映像を撮ったから、次はこの映像が必要だ」「今このインタビューを撮って、インタビューのこの部分を裏付けるためにはこういう映像が必要だ」とか、そういうひらめきとか、イメージが浮かんでくる。

それは現場で取材する経験からでしか体得できない。たんに撮影技術的なものの訓練もある程度は必要ですが、そういうことよりも、この次にどんな映像が必要なのか、ストーリーを組み立てる力が重要なんです。慣れてくると、新しい場所に取材に行ってもすぐに「次の映像、次の取材」が浮かんでくると思う。

渋原　だから、技術自体は本当に簡単だけれども、中身のストーリーをどう構成するかというほうがすごく訓練が要る作業だし、時間もかかると思う。現場に行くと最初は白紙の状態だから、そこからいかに何をつかみとって、どういうふうに構成していくのか一から組み立てることが一番難しいですね。

綿井　現場ではいろんな出来事が起きていて、自分もいろいろ伝えたいことが出てくると思う。けれども、いろいろな出来事の中から一番自分が伝えたいことを絞り込む思考というか、そういう感覚を研ぎ澄まさないとダメだと思います。自分は何を一番伝えたいのか、ということをとにかく早く見つけて、その伝えたい事柄を生かすためにいろいろな映像や証言で肉付けしていくことが必要です。

二年前パプアニューギニア津波被害の取材に一人で行ったとき、これが僕の初めてのビデオ取材といってもいいですが、あのときは目の前でいろいろなことが起きていて、とにかく撮ることに必死になる。次々と救援物資や被災者が運ばれる。避難民キャンプもたくさんある。津波の被害も目の前にドーンとありました。そういったゼネラルな部分で一つひとつの取材はもちろんちゃんと押さえておかなければいけないのですが、いろいろある中でこれが一番の問題だ、これを一番伝えたいということをあまり意識する余裕が当時はありませんでした。「撮る」ということに対しては、これからもっともっと勉強しなければなりませんが、一方で冷静に対象や問題を捉えるという訓練がいると思います。

●テレビを通じて作品を発表することのむずかしさ

野中　撮ってきたものをビデオジャーナリストの仕事として成立させようとすると、通常テレビ局で発表することになるわけです。それから人によってはテレビ局で発表することにあまりこだわらない人もいると思いますが、自分が取材した成果の発表の仕方についてはどう考えていますか。

渋原　最近ある意味で本当に悩んでいます。自分が「食っていく、生活していく」ということを考えると、やはり今のこの現状の中でどうにか突破口を切り開いていくしかないと思います。

自分の本当にやりたいものを真摯に追っていきたい気持ちを大切にしたいのですが、ではそうするとその取材費はどうするのだという問題がものすごく大きくのしかかってきます。

今年やっと、日本テレビでホントに少しだけですが放送できたことは良かったのですが、やはりあれはほんの一部だけで、オンエアーされた四分半では自分の思いを全然表現しきれない。その辺りどうしても不満が残ります。撮影した私の映像テープ自体は全部で一〇〇時間近くあるわけだから……。

野中　綿井君の場合は、ニュース番組で放送することが多かったのですが、そういった自分の取材の発表形態ということについてはどう思いますか。

綿井　去年一年間で東ティモールの取材映像は『ETV特集』という四五分の長い番組から、TBSの「ニュース23」、読売テレビの「ウェークアップ」といった一〇分ぐらいの特集枠、そのほかにも、本当に短いのは民放ニュース枠で一分ぐらいの映像提供もありました。海外ではBBCの「ワールドニュース」や韓国のKBSテレビでも放送しました。本数的には、野中さん、アグス君、僕の三人で合わせて一〇本近くの東ティモールの番組制作・映像提供をしたことになります。

去年は東ティモールが大きな国際ニュースの焦点になりました。日本からも文民警察官が送られたり、国内でもニュース性は非常に高かったわけです。九月に騒乱状態になったときはほとんどのメディアが現場から撤退して、自分の撮った映像がスクープになった。しかし、取材当初から狙っていた企画としては、実は僕たちが取材前に企画していたものはあまり放送できていない。取材前に企画していたストーリーと実際に放送されたものはけっこう違う。偶然的な要素も多かった。テレビ局のニュース番組が求めるものと自分が表現したいことのズレは大きい。

慶　私は主にドキュメンタリーを作っていますが、やはりテレビで放送することを前提にすると、どうしてもわかりやすさを要求されたり視聴率が問題になったり、いろいろ限界を感じることもあります。

映画的なドキュメンタリーの特徴は、作家の個性をもっと強く幅広く表現できるということだと思います。本当は放送ドキュメンタリーにするか、ドキュメンタリー映画を作るのかはそんなに重要な問題ではなく、重要なのは自分なりの価値観を持って撮りつづけることだと思います。

今年、韓国の映画祭に、ベトナム戦争で枯葉剤を浴びた韓国軍元兵士たちについてこれまでに取材し自分で編集した作品を出品しました。テレビに比べて映画祭では多くの人に見てもらうことはできませんが、観客の反応を肌で感じることもできるし、その問題に対していろんな人の意見を直接聞くこともできます。

最近、日本の民放テレビ局で番組制作の仕事をしたのですが、テレビ局サイドが内容や事実より、大衆に与えるイメージやインパクトに重点を置いているので、とまどいを感じました。韓国人にインタビューした部分ではインタビュー内容をそのまま見せるのではなく、日本語吹き替えの長さに合わせてとんでもないところで発言をカットしていました。

私は韓国語が分かる人がこの放送を見ないように祈りました。日本の民放テレビは元々ひどいし、仕方がないと諦める自分に悲しい思いがしました。媒体をもたないフリーのビデオジャーナリストとしては、放送局がなかったら取材したことを発表することもできないわけですが、それにしても今の現状には失望するばかりです。私自身大きなジレンマがあります。

押見　今の日本のテレビでは、タレントを使って面白おかしくリポートさせる番組が多くなってきたように思います。有名人を媒介にしてでしか、共鳴共感が得られなくなってきているのではないでしょうか。

渋原　そういう番組もあっていいと思うのですが、そればかりになってしまうと問題だと思います。題材を地味に、あるいは硬派に扱った作品もなくてはならないと思います。発表の媒体としては、私も最終的には二時間ぐらいの劇場ドキュメンタリー映画を作りたいと思いますが、それを制作していく過程で機会があれば、どんどんテレビでも発表したい。多くの人に知ってもらう媒体としてテレビは、やはり一番影響力が大きいと思うので……。

●女性・結婚・出産

野中　今日の座談会は、比較的ビデオジャーナリストとして経験の浅い人たちに集まってもらったわけですが、女性の場合、結婚、出産といろいろな理由があって志望者は多くても仕事として続けている人はまだまだ少ない。それについてはどう思いますか。
押見　確かに女性は厳しい状況を抱えていると思います。でも、その時になってみなければ分からないというのが率直な意見です。でも、やはり結婚しても自分のやりたいことを優先してしまうのではないかと今は思います。
渋原　現実的に考えてみると、いま自分一人もちゃんと食わせられないのに、ましてや子供とか考えられないです。まだまだ仕事も満足できるまでいってないので今はそっちを頑張りたいと思ってます。ただ、私は子供を産むということを一度は味わってみたいというのもすごくあって、また温かい家庭にも憧れているので、後々は、是非結婚して子供を産みたいと思います。
押見　日本の社会では、夫に協力する妻の姿は美しい、もしくは当然だと考えられています。逆にお嫁さんが自分がしたいことを自由に、または何かに挑戦したりしようとすると、「とんでもない嫁が来た」（笑）みたいに世間からも言われてしまうことのほうが多いと思う。実際、自分が結婚してみて、どうなるかは、すごく不安ではあります。
　私は人生の一〇年プランをとりあえず立てて、行動しています。この計画で行けば、三〇歳代前半で配偶者を見つけて結婚しようとは思っています。しかし、これぱっかりは相手の都合もありますし、分かりませんね。
　家族に妻の仕事を理解してもらわないと女性のジャーナリストはぜんぜん育っていかないわけだし、今までの社会通念や意識を変えていくためにも私たちも努力する必要があるのではないでしょうか。

野中　ビデオジャーナリストのなかには、夫婦で二人で一緒に取材をしている人も何人かいるけれど。

渋原　やはりカップルで取材している場合はある意味で精神的に安定するのではないでしょうか。私は、恋愛するとそれにも一生懸命になって彼と一緒にいたいと思ってもしまうので、仕事への気持ちが一時的に萎えてしまったりします。もし二人で仕事しているなら、それなら私だって頑張ろうと思います（笑）。冗談抜きで二人で一緒にやれるならば、一石二鳥だと思います。

井部　夫婦で取材すること自体は別にかまわないでしょうが、どちらかがもう一人の完全な言いなり状態で意見もいわないようなことになってしまったらあまりいい結果を生まないのではないかと思います。それぞれがお互いの足りない部分を補完し合っていくことができるのであれば相当な強みになるかもしれませんね。

綿井　アジアプレスのメンバーだけじゃなく夫婦で、あるいはカップルで一緒に取材している人たちがいます。二人で取材するというのは結構メリットが多いと思います。二人の呼吸、相性が一致していれば、デメリットを探すのがむずかしいくらいではないでしょうか。

取材で一緒かはともかくとして、パートナーというのは重要な問題ですね。まあ、自分もその問題はあと五年以内にはクリアしたいのですが（笑）。正直なところ、日本でもフリーのジャーナリストの人たちは、普段の生活を夫婦共働きで支えているケースが結構多いと思います。経済的な問題は日本のフリーのジャーナリストみんなが抱えていることです。フリーランスに対して支払われるギャラや保証は、テレビも雑誌もすべてにわたって、その金額が低すぎると思います。

メディア界全体の構造的な問題なのでしょうけれど。

●韓国とアメリカの場合

野中　韓国ではビデオジャーナリストやフリーのジャーナリストは、どんな立場にあるのでしょうか。

慶　フリーのジャーナリストとして活動している人は、以前と比べて少し増えた程度で、ほとんど職業として認められていません。最近はインターネットを通じて発表する人が増えましたが、それでもいま韓国でフリーのジャーナリストとして生計を立てている人はほとんどいない状態です。日本ではノンフィクションライターという肩書きがありますが、韓国にはそういう肩書きすらありません。

ビデオジャーナリストを名乗る人は、三、四年前から出てきましたが、あまりビデオカメラマンと変わりない存在でした。ビデオジャーナリスト方式のドキュメンタリー番組自体は最近増えましたが、ビデオジャーナリストとしての活動だけで生活している人はいません。テレビ局のディレクターが自分でビデオカメラを持って取材に行くケースもありますが、これは経費削減がその大きな理由です。

野中　井部さんはアメリカのジャーナリズムを見てきて、経済的な問題とか、女性の問題とかを日本の社会と比べてどう思いますか。

井部　アメリカでもシステム的な問題がやはり大きいです。アメリカにしても日本にしてもフリーの地位があまりにも低い。では、日本とアメリカを比べてどうかということになると、アメリカはフリーだけではなく、社内で使われているジャーナリストに関しても賃金が低いのです。僕が新聞社で働いていた時で、初任給が工員の初任給よりもっと低いような状態でした。時給で八ドルぐらいですね。サンドイッチ屋のアルバイトとたいして変わりません。

新聞社でも、とくにカメラマンは需要が少ないので、それだけ仕事を得るのが難しいです。大学新聞での経験、一般の新聞でのインターン経験、州のコンテストなどでの受賞経験がないとまず雇われない。記者だとそんなことはありません。そのくらい競争が激しくても、大卒直後のルーキーは時給一〇ドル以下で、どこも似たり寄ったりです。アメリカの新聞業界全体でいえば、新聞社の記者・カメラマンたちの平均給与は、物価上昇率を考慮すると一〇年ぐらいまったくあがっていないそうです。フリーランスに対するギャラもよくなっていません。

野中　女性の職業という面ではアメリカはどうですか。

井部　アメリカ社会では女性の社会進出が進んでおり、開けた社会だと一般的に言われています。けれども、実際にはウエートレスとか肉体労働的なところで、単純労働の人手が足らなかったことから女性を使っていったのがその始まりのようです。その当時は女性のほうが給料も明らかに安かった。今ではかなり重要なポストでも女性は活躍しています。

ジャーナリズムの分野となると、社員の半分から六割近くを女性が占めています。これはなぜかというと、明らかに給料が安いため、男性は敬遠しがちなことが影響しているようです。その結果、やりがいのある仕事を求めて入ってくる女性が残るというケースが多いのだと思います。

結婚、出産ということですが、結婚では社内結婚が一番多い。アメリカだと、社内結婚をして夫と妻が同じ社にいてもまず問題はないのです。だいたい一つの町に一つしか新聞がないような所ですから、動くに動けないというところがあります。

出産ということになるとある程度休むわけですが、その後は、向こうはベビーシッターが非常に浸透していますから、そういうところを利用するようです。そういう意味で女性にとって働きやすいといえるかもしれません。

●巨大メディアとどう闘うのか

野中　井部さんは、これからアジアプレスとどうかかわっていこうと思っていますか。
井部　新聞社で写真を撮っていた頃、ドキュメンタリー的な写真に取り組んだことがあります。その際、自分なりのやり方だけではいいものになかなかならなかった。そういった取材のノウハウとかを教わるという意味でもアジアプレスとの関わりを続けていきたいと考えてます。また、いろんな取材をやっているジャーナリストたちから直接話を聞けるので、自分がこれからどうしようかという判断材料にもなると思っています。

野中　渋原さんはどうですか。今後、アジアプレスとのかかわりについては。

渋原　ギブ・アンド・テークということで考えると、先輩たちからは仕事や人生のアドバイスをもらったり、仕事を紹介していただいたり、また同年代のメンバーには落ち込んだ時に励まされたりと、アジアプレスからは本当に恩恵を受けていると思います。

またアジアプレスに集まってきた仲間を見ることで、自分というものが見えてきたというのはあります。自分は何が得手で何が不得手かということ、ほかの人にはできないことを自分はやろうと思えるようになった。私は仕事のことで落ち込むことがとっても多いので、アジアプレスの人たちの存在がなかったらいままで続けてこれなかったと思います。

今までお世話になってきた分、早く、いい取材をして、「アジアプレスには渋原といういいジャーナリストがいる」と他人に言われるような恩返し（?）をしたいと思います。また経済的にも自立して、少しはアジアプレスの運営に貢献できるようになりたい……という思いはあるのですが……まだなかなか難しいですね。

綿井　九三年に初めてアジアプレスの写真展を見て、新鮮な驚きというか、いろんな人が活躍しているのだなあ、と思ったのを覚えています。あの写真展で、それまで雑誌によく載っているカメラマンの人たちが実はアジアプレスの所属だというのを知った。でも、その時は自分が将来アジアプレスとどうかかわるのかは、イメージできなかった。

二年前に専従スタッフとなって、最初は一人でいろいろ取材に行きました。昨年は野中さん、アグス君と一緒に取材するという形が多かった。取材の仕方も撮影の仕方も、まさに実際の取材現場で「オン・ザ・ジョブ方式」で勉強させてもらったと思う。既存のメディアと闘うためには、一人ではなくて、フリーのジャーナリストなりインディペンデントの志を持っている人たちが結束する必要がある。アジアプレスはこれからも「メディア界のゲリラ」として頑張っていくだろうし、自分自身もそうありたいと思っています。

東ティモールのゲリラのモットーで「抵抗するは勝利なり」というのがあります。僕らは大メディアに対して、抵抗的精神を随所随所で発揮する必要があるのです。抵抗といっても何でも反対するという意味ではなく、取材して発表する作品の質において妥協しないという意味での抵抗です。こちらは媒体もない。自分たちで電波を流しているのでもない。スポンサーもない、受信料で経営しているわけでもないと、ないない尽くしですが、ジャーナリストとして、表現者としての志だけはなくすわけにはいかない。

自分にとってアジアプレスのメンバーは、仲間であると同時に、ある意味で競争相手です。僕は勉強というのは自分でする、自分で相手から盗むものだと思っているのです。ベテランのジャーナリストがどんな取材をして、どんな表現方法をしているのか、自分で工夫して研究する。アジアプレスでも週に一回若い人たちを中心に勉強会をしていますが、それに参加しているだけではダメです。自分はこれを取材したいんだという明確な意識をもって、個人的にその問題を勉強していき、それで何か疑問点が出たら、ベテランのメンバーに直接尋ねたり、相談したりというのがジャーナリストとしての取り組み方だと思います。

アジアプレス以外のフリーのジャーナリストや、たとえ大メディアに所属している人でも、個人で本当にがんばって、地道に真摯に取材に取り組んでいる人がいる。そういう人たちの仕事や作品を見ると、刺激になるし、自分も負けられないと思う。

野中　「闘う」という言葉が出たけれども、そのあたりの気持ちについてもう少し説明してくれませんか。

綿井　フリーで活動しているのか、メディアに所属しているのかということは問題ではありません。取材して発表しているものの質がどうなのかということだと思います。マスメディアが流す一方的な見方、大量洪水的な報道、表面的な報道に対して、「いや、自分たちが見た現場は違う」「これが問題の本質だ」というような視点の違ったリポートをどれだけマスメディアで発表できるかということです。我々がほかのメディアと同じような「ワン・オブ・ゼム」の存在になってはいけない。取材対象も方法も、一つの仕事にかける時間や表現方法など、とにかくすべてにわたって、一般のメディアとの違いを見せる。そういうところで勝負していきたい。

渋原　でも闘う相手と土俵が違い過ぎるというのも感じます。番組の枠を提供しているのは向こうだし、編集権や最終的な判断はこちらサイドにない。番組が打ち切られたらそれまでだし、どんなにいい作品を作っても……という気持ちも少しあります。

綿井　最終的にいちばん望ましい形は自分たちでメディアを起こし、そこでニュースとかドキュメンタリーを流すとか、そういったことも何十年後かにはあるかもしれない。だけど、現時点ではマスメディアのなかで、たとえ小さくともゲリラ戦を続けるしかないだろうと思います。この状況では、いつも勝つのは無理だとわかっています。経済的にも苦しい状態が続くのは目に見えている。けれども、とにかく続けること。取材自体もまったく同じで粘り強く続けることとです。

野中　大メディアに対して綿井君が「闘う」という言葉を使いました。彼はある意味で自分の決意的なものを含めて「闘う」という言葉を選んだと思うのです。他の人たちはどうなんでしょうか。大メディアを前にして自分がどうやって、大きなメディアと競っていくのか。これから一人のジャーナリストとして道を歩いていくうえでの決意を自分の言葉で語ったらどんなふうになりますか。

渋原　日本だけではなく、世界で通用するものを作りたいという思いは常にあります。それに対してのプロセスを踏んでいけない自分がもどかしいという気持ちもありますけれど。どんなテーマでも自分がその取材をやることに自分なりの意義を見出せることをいつもやっていきたいです。

もともと劣等感が強いので、人と同じことを同じようにやっていたのではかなわない、だから他の人がやらないことをやろうという思いはあります。また自分に生まれながらに備わっていた存在価値（たとえそれがわずかなものであろうと）が、その仕事をすることで、例えばちょっとでも世の中の役に立ったりとか、少しでもその意義が高まるようなことをしたい、そう考えています。

押見　私は、中国でまた生活したいと思っています。でも、資金がたまらないし、まだまだ日本で取材したいテーマがあるので、当分先になってしまうでしょうね。現地に住んで、生活しながら中国人が主人公のドキュメンタリーを撮ったり、文章を書いて中国や日本、その他の国で発表していくのが私の夢です。

慶　私はまだすべてにおいて勉強中です。ドキュメンタリーを作る作業は新しいことの発見の連続でした。そして、新しい自分も発見していくプロセスが楽しい。日常生活の中でも、仕事をするうえでも、新しい発見の楽しさをいつまでも感じることができるようにしたい。

井部　まだ歩き出していないような状態なのでなかなか難しいですね（笑）。気持ちとしては大きなメディアが結果的に無視してしまう事柄や人々を取材して、彼らへのアンチテーゼを呈していけたらと思ってます。

野中　マスメディアに対しては力関係でいったら勝てないわけだから、うまく相手を巻き込んでいくようなしたたかさというのも必要だと思う。一方で、綿井君のいうように闘っていく姿勢も大事です。だが、そればかりではなかなかやっていけない。そういう意味では自分の特徴を出していって、むしろ相手をこっちの土俵に引き付けていくような、巻き込んでいくような力が必要だと思う。

闘うという意味でいうと、テレビ局の側にテーマ的・視点的に受け入れてもらえやすいものと、もう最初から「これはちょっとね」と言われて拒まれてしまうものがあります。そういう中でのテーマの選び方、視点の置き方についてはどう思いますか。

綿井　去年、野中さんらと最初に行った東ティモールの取材では、「東ティモールの独立への動きを追う」という取材を進めていました。ですが、実際に番組を編集する作業に入ると、テレビ局サイドとしてはそうではなく、独立に反対する併合派の方がいまの話題なんだ、むしろ併合派についてもっと伝えるべきではという番組の方向に変わった。最終的に確かに番組としてはそれで整ったのですが、われわれが最初に目指していたものとは、かなり外れてしまった。その編集の過程で感じたのですが、取材的にも映像的にも、インタビューの内容も、相手を押し切る武器がちょっと不足していたと思う。そして、もう少し冷静に現地の状況を見極めなければならなかった。

テレビ局のプロデューサーやディレクターを、きっちり説明・納得させるのも僕らの仕事です。でも、実際にはそれがなかなかうまくいかない。こっちが考えているストーリーがそのまま完全に放送されるということは実際にはまずないのですが、ある程度こちらの狙っているもの、伝えたいものが何とか世に出ていくようにするためには、知性も感性ももっと磨かなければならない。それこそ、「取材以前、撮影以前の力と質」がまだ弱いというのを僕自身、痛感しています。

●ジャーナリズムと自己実現

野中　僕のこれまでの経験で言うと、商業ジャーナリズムの中のニュースの形態と、われわれが伝えたいことの重点にズレができるのは当然だと思う。逆に言うと、ズレがなかったら自分たちもテレビに入ってやればいいわけだし、別にテレビ局と違うことをやる必要もないわけです。

つまり、自己実現するためには何が必要かということを考えないといけない。そのためにこの仕事をやっているわけだから。何も技術的にＮＨＫがやらないことをやればいいということではなく、そのことを続けることが自分にとって知性を追求していくことになる。そのことによって自分自身が磨かれる。人生観・世界観がよりシャープなものになっていくというようなことをまずやらなければならない。

だから、ジャーナリズムという仕事を通して自己実現している。それはみんなもそうだと思う。なぜこの仕事をやるかというと、一番これが楽しいとか、ほかの仕事よりも、自分が生き生きとできるような、あるいはいろんな人と会えて自分が学べるような仕事をしたいと思っているからやっている。

マスメディアというのは、NHKは一万二六〇〇人、朝日新聞は七五〇〇人いるわけで、大官僚組織です。その中で個人が自己実現することはかなりむずかしい。また、いちばん問題なのはそういったマスメディアで働いている人たちにほとんど志がないということなんです。

意識的で良心的な人たちも中にはいるのですが、自分が窒息してしまうような環境にあってなかなか抵抗できない。むろん、ただたんにフリーであれば自己実現しやすいということではない。

京都大学アメリカンフットボール部の監督で有名な水野弥一さんという人がいます。彼が新聞の対談でこう言っていた。

「うちの選手によく言うんですが、『ベストは尽くすもんじゃなく、越えるもんや』と。ここで闘うしかないという瀬戸際に立たされて、初めて自己認識ができる」

われわれもまさにそういう心構えで仕事をしなければ意味がない。

また、人生観なり世界観を自分の中で知性として磨いていった人間というのは、いろんな形で洞察力ができてくるはずだと思うのです。アジアプレスの発表媒体は単行本から新聞・雑誌・テレビ・映画、それからインターネットとものすごく幅広くやっている。だから電波だけにこだわっているわけではない。もちろんビデオジャーナリズムというものの可能性には大きく賭けているわけであるけれども。きちんとものが見える人間になれば、いろんな形で社会から必要とされるような場所が確保されるだろうと思う。

そういう人間になるための努力をしなければいけない。完全に商業主義と寄り添ってということはできないけれども、かなりの部分までは、今のメディアの中でわれわれなりのやり方があって、突き進んでいける部分があるはずです。だから決して孤立無縁ではなくて、むしろ、今はいろんな形で発言をしていって、「ジャーナリズムとは何か」ということを積極的に問題提起していく存在にしたいのです。

だけど、その時に弱かったら、ちょっとたたかれるだけでつぶされてしまうわけで、強くなければいけない。強さの秘密は精神的に強いということだけではなく、正しいことを言っていかなければいけない。正しいことを言っている人たちが一番強いと僕は思うのです。

だから、ジャーナリズム批判というときにジャーナリズムの原点とは何かということについてきちんと語ることができれば、相手がＮＨＫであろうと、ＢＢＣであろうと、朝日新聞であろうと、それに対しては反論ができない。きちんとした批判として受けとめてもらえる。「ジャーナリズムとは何ですか」と言われたときに、いつでもきちんと答えることができる。そういう態度・姿勢・心構えが一番われわれにとって必要だと思います。

そういうかたちでやっていけば、おのずと発表の媒体はできる。それが生きていくのに必要なおカネを果たして充分に生み出すかどうかという問題はあるけれども（笑）。「これが俺なんだ」というものができれば、自分のやってきたことの意味を確認することができると思う。

綿井　それが最後には作品とか原稿に出てくる。

野中　出てくる。絶対に出てくる。ただその時に、独善的になってはいけないということです。常に独善は最大の敵だと思う。自分たちが伝えたいことを追求する一方で、われわれがいまこの問題の何を伝えるべきなのかという問いかけもしなければならない。

一般の人たちはジャーナリズムにプロの判断を期待しているわけです。世界で六〇億個のことが起っているときに、三〇分で伝えられることは一〇個だけ。六〇億個のうちどれが大事な一〇個かということをジャーナリズムに見せてほしいわけです。それはプロのジャーナリストの判断で、必ずしもみんなが見たいということと同じではないわけです。

商業ジャーナリズムというのはどんどん視聴率のとれる方に向かい、そのかたちが際限なく崩れていっている。そういう流れに対して、われわれは闘うと言っているわけです。われわれは、小さいけれどもジャーナリズムの原点というか原型を見せていくような仕事をしなければいけない。誇りとかプライドがないとベストを越えることはできない。

みんながこれから二年後、三年後、五年後、一〇年後もビデオジャーナリストとしてやっていけるかどうかは、自分なりのプライドを持てるかどうかということ。一度気持ちのうえで後退してしまうと際限ない後退が待っている。だから気持ちのうえで負けてはいけない。そういう時にファイティングスピリットというか、チャレンジ精神を豊かにもっていないと、いったんおカネのためとか、発表するためには相手に従わなければいけないというところでいったん後退してしまうと、やはり闘い続けることはできないし、やり続けることはできない。

抽象的に聞こえるかもしれないけれども、そういう気持ちの持ち方が壊れだしたらダメだと思う。

おカネの問題はともかく、企業内で働いている人たちは、フリーの人たちに対して実は結構うらやましくて仕方がないという面があるわけです。企業の中で、ものすごく窮屈な思いをしている人たちはたくさんいるわけだから、そういう点で見るとわれわれは幸せだと思う。だからもっとうらやましがらせるような仕事をしていきましょう。


——この座談会は二〇〇〇年四月二〇日に行なった。

あとがき

ジャーナリズムの原点とＶＪ

アジアプレス・インターナショナル代表
野中章弘

日本のテレビ放送が始まってからおよそ五〇年。テレビは時代そのものを呼吸する巨大なメディアとして成長してきた。テレビはさまざまな政治体制をとるアジアの国々でも、本質的にはほぼ似たようなプロセスをたどりながら、成熟してきたように思う。娯楽であれ、ニュースであれ、人々はテレビを通じて流される膨大な情報を吸収して社会生活を形成するようになっている。その意味では日本もその他のアジア諸国もあまり違いはない。なにしろ日本人も一日平均、三時間三〇分もテレビを見ているというのだから、このテレビ漬け状況には驚くばかりである。

しかしながら、高い市場価値を持つ、ドラマやスポーツ、音楽などの娯楽部門はともかく、ニュース、ドキュメンタリーなどいわゆるジャーナリズムの分野におけるテレビの役割を検証してみると、もはや市場原理（たとえば視聴率競争）に支配されたテレビ・メディアはジャーナリズムの原点から、ますます離脱の度合いを早めている。畢竟《ひっきょう》、テレビにイズムは、もはや存在せぬかのようだ。

昨今のニュース番組などを見ていると、「何がジャーナリズムなのか」という議論が決定的に不足している。ニュースは無定見に、ほとんど羅列的に垂れ流されているように思える。つまり、テレビ・ジャーナリズムの中核を担う記者やディレクターたちの間で、プロのジャーナリストに求められる「ニュースの価値付け」についての検証能力は低下する一方なのである。時代を認識するために「いま何を伝えていくべきか」というジャーナリズムの原点が見失われていくはずである。

テレビを見ていても、情報はあふれるほど流れているのに、さっぱり社会や時代の実相が浮き上がってこないのはそのためである。

また人殺しの場面がバンバン出てくるようなドラマを放送したり、人を小馬鹿にすることで視聴者の気を引こうとするようなバラエティ番組をガンガン流しておきながら、いざ現実に一七歳の少年が凶行に及ぶと、「なぜこのような少年が現われたのでしょうか」などと「良心的」にコメントしてみせる今のテレビ・ジャーナリズムとはいったい何なのか。

このようなテレビ・ジャーナリズムへの信頼感が失墜しかかっている時期に出現したのがビデオジャーナリスト（VJ）である。少し生意気を言えば、VJの出現は、ジャーナリズムの原点をテレビに呼び戻すカンフル剤になるのではないか、私たちはそう考えていたのである。またそうでなければVJ登場の意義は半減する。その思いは年々強くなるばかりだ。

この一〇年間は、VJの黎明期だったといえる。日本だけでなくアジアのVJたちにとっても、夜明け前の闇の中を光を求めて駈けずりまわるという、ある意味で産みの苦しみを少なからず味わってきた時期であった。しかし、この一〇年という歳月を耐えてきたからこそ、これまでとは出自の異なる、新しいジャーナリズムの流れをマス・メディアの体内に確立することができたといえる。

当初、既存のテレビ・ジャーナリズムに対する鋭い問題提起をはらんだＶＪに対し、〝裸の王様〟にも似たテレビ局の対応は必ずしも好意的なものではなかった。テレビ局はＶＪを補完的な存在として局とプロダクションの間にみられる下請け構造の中に押し込もうとしてきた。それに抵抗するＶＪたちの存在を認めようとはしたがらない。しかし、時代はジャーナリズムの精神を市場原理に売り渡した空虚なテレビ・メディアに対する失望感に満ちていた。それがＶＪたちに追い風となっている。

既存のマスコミは地球の変動に適応できなかったマンモスのように、遠からず淘汰される存在である、と私たちは考えている。私たちが生きているこの時代は、マイナーなもの、周縁にあるものがメジャーなものを喰う可能性に満ちた時代である。ＶＪたちはまだゲリラ的存在だが、首都攻略も夢ではない。だから今という時代が面白い。

ジャーナリズムの原点を具現化しようとするＶＪたちの仕事は、必ずジャーナリズムの新しい流れを産み出せるものと確信している。

そんなＶＪの勃興期に本書の執筆にあたったようなアジアのＶＪたちが育ってきたことは本当

に喜ばしい。彼らはジャーナリズムの精神をカリカリと齧《かじ》りながら、自らの栄養としている若い力である。むろん、彼らの作品にはまだまだ荒削りなものが多い。しかし、その経験の不足を補って余りある情熱と志の高さは本書から感じとってもらえたと思う。

官僚主義がはびこり、視聴率に内臓を食い散らかされた、無残なテレビ・ジャーナリズムには時代の要請に応える力はすでにない。今は既存メディアが振りまいてきた幻想に捉われない、まったく新しいジャーナリズムの時代への過渡期といってよい。

私たちの門は読者諸氏にも開かれています。志ある若きVJたちよ！ 私たちと新たなジャーナリズムの地平を切り開こうではありませんか。

なお本書刊行にあたっては前著『ビデオジャーナリズム入門』同様、はる書房の佐久間章仁氏、ならびに石原明子氏にお世話いただいた。感謝いたします。

追記　本書を一九九九年九月二五日、東ティモールのローテェウ村で取材中に反独立派民兵の凶弾に倒れたアジアプレスのメンバー、アグス・ムリアワンに捧げる。アグスは本書執筆途中で逝ってしまった。

執筆者

馮　文澤（フォン・ウェンズ）
1959年中国天津出身。95年から映像作家として活動を開始する。主に中国の女性たちをテーマにドキュメンタリー制作に取り組んでいる。「都会を目指せ　増える出稼ぎ少女たち」「お手伝いさん急増中」「リヤカーに夢をのせて」（MXテレビ）、「二人の再起〜天津・女性たちの挑戦」（ＮＨＫ教育テレビ『ＥＴＶ特集』）がある。

玉本英子（たまもと・えいこ）
1966年東京都出身。94年よりトルコのクルド問題、コソボ問題など民族問題を中心に、坂本卓と２人でチームを組み、取材活動を行なっている。主な作品に、「故郷を追われたクルド人」（ＮＨＫ教育テレビ『ＥＴＶ特集』）、「明日起こる危機　コソボ編」（テレビ東京）など。

ムハマド・ズベル（Mohammad Zubair）
1963年パキスタン・カラチ出身。1988年にカラチ大学政治学部卒業後、日本に滞在。これまでＮＨＫ（衛星第一）や朝日ニュースター、MXテレビ、テレビ朝日のニューステーションなどにドキュメンタリーやニュースを提供してきた。現在、アジアヴィジョン・インターナショナルを主宰。国際結婚や日本におけるイスラム教徒などをテーマに取材を行なっている。著書に『隣の外国人』（同文書院）。

常岡浩介（つねおか・こうすけ）
1969年長崎県出身。早稲田大学人間科学部卒業。ＮＢＣ長崎放送（ＴＢＳ系列）で報道記者として4年半活動する。長崎放送退社後、フリーのジャーナリストとしてアフガニスタンやチェチェンなどイスラム世界の戦争を取材している。タリバン政権下で破壊されたバーミヤン遺跡を世界で初めて取材することに成功。

崔　貞源（チェ・ジョンウォン）
1974年ソウル出身。96年慶熙大学在学中からアジアプレス・ソウルに所属。97年に第二回ソウルドキュメンタリー映画祭に出品。「教室の外の子供たち」がホームビデオ部門を受賞。作品に「アジアの窓――山形映画祭」（韓国Ｑチャンネル　アジアリポート）、「現代自動車――１工場45班の人たち」（韓国放送公社（ＫＢＳ）日曜スペシャル）、「中朝国境現地リポート」（日本テレビ「ザ・サンデー」）など。現在、中国で中国語を勉強中。

森本麻衣子（もりもと・まいこ）
1977年広島県出身。大学３年のとき、授業に講師として招かれたジャーナリスト野中章弘氏の講義を受けたことをきっかけに、ビデオをもってフィリピン・ピナツボ山やインドネシアへ。現在、アジアプレス東京事務所に所属し、インドネシア取材などを行なう。

具　永鳩（グ・ヨング）
1962年韓国釜山出身。1988年に留学生として来日。横浜市立大学文学部を経て東京外国語大学の大学院「地域文化研究科」で学ぶ。主に日本における定住外国人の権利の問題や故郷・釜山の環境問題などに取り組む。ビデオ作品に「コテグリ船乗船リポート」（ＮＨＫ教育テレビ『ＥＴＶ特集』）、「釜山の水が危ない」（MXテレビ）、ルポに「沖縄米軍基地ルポ」（『ハンギョレ21』掲載）など。

符　祝慧（フー・チューウェイ）
1964年シンガポール出身。1988年日本大学芸術学部放送学科卒業。92年から、シンガポール国営放送（ＳＢＣ）報道部、「焦点」ディレクターとして活動。96年からシンガポールテレビ局（ＴＣＳ）日本特約記者およびシンガポールラジオ局通信員となる。おもな作品は「一つの史実――海南島『慰安婦』の証言」（自主制作映像）、「インドネシアの華人」（読売テレビ）など。

レイ・ベントゥーラ（Reynald B. Ventura）／アジアプレス・マニラ代表
1962年フィリピン、イサベラ州出身。ケソン市のトリニティ・カレッジで政治学を修める。在学中にフィリピンでは非合法の共産党の予備党員にもなったが、1987年に日本に留学。その後、横浜・寿町で日雇い労働者として１年間滞在し、不法労働者の記録をビデオで撮り始める。作品に「私は皇軍の慰安婦だった――フィリピン・朝鮮の女性たち」（朝日ニュースター）、「ピナツボに生きる」（ＮＨＫ教育テレビ『ＥＴＶ特集』）など。現在、フィリピン・パナウェの山岳民族イフガオ族のドキュメンタリーを制作中。著書に『僕はいつも隠れていた』（草思社）。日比関係をテーマとした２作目の本を執筆中。

解説

石丸次郎（いしまる・じろう）／アジアプレス・大阪オフィス代表
1962年大阪府出身。朝鮮半島、在日朝鮮人等、朝鮮世界の現場取材をライフワークとする。中国―北朝鮮国境取材は93年より現在まで14回、北朝鮮内部取材は３回を数える。共著に『百人の在日コリアン』（三五館）など。ビデオ作品に「北朝鮮難民の証言」（ＮＨＫ教育テレビ『ＥＴＶ特集』）、「激増する北朝鮮難民孤児」（テレビ朝日『サンデープロジェクト』）、「北朝鮮食糧支援の実態」（日本テレビ『ザ・サンデー』）他ドイツＡＲＤ、フランスCanal＋などで北朝鮮現地レポートを発表。

あとがき

野中章弘（のなか・あきひろ）／アジアプレス・インターナショナル代表
1953年兵庫県出身。これまでインドシナ難民、アフガニスタン内戦、台湾元日本兵、カンボジア紛争、ビルマの少数民族問題など、主にアジア・アフリカを中心に第三世界の問題を取材。ビデオ作品としては、「麻薬王クンサー」（朝日ニュースター）、「チベットに響く歌声」（ＮＨＫ『真夜中の王国』）、「ミャンマー辺境戦いの日々」（ＭＸテレビ『映像記者報告』）、「独立に揺れる島・東ティモール」（ＮＨＫ教育テレビ『ＥＴＶ特集』）など数々のビデオ作品を発表。著書に『沈黙と微笑』、『匿されしアジア』（風媒社）『ビデオジャーナリズム入門』（はる書房）など。

アジアのビデオジャーナリストたち

アジアプレス・インターナショナル 編

1987年10月、フリーランスのジャーナリスト集団として発足。現在、メンバーは約30人、活動領域はアジアを中心に、世界のほとんどの地域に及ぶ。ジャカルタ、バンコク、カトマンズ、マニラ、台北、北京、南京、ソウル、大阪、東京などに拠点を置き、アジアのジャーナリストとの協働を目指す。
著書に『アジアTV革命』(三田出版会)、『アジア大道曼陀羅』(現代書館)、『ビデオジャーナリズム入門』(はる書房)、『匿されしアジア』(風媒社)などがある。
連絡先:〒141-0021 東京都品川区上大崎2-13-32 富田ビル402
TEL 03-5423-5471/FAX 03-5423-5472
e-mail:tokyo@asiapress.org
(大阪オフィス)
〒530-0021 大阪府大阪市北区浮田1-2-3 サヌカイトビル403
TEL 06-6373-2444/FAX 06-6373-2445
e-mail:osaka@asiapress.org

2000年7月20日 初版第1刷発行

発行所 株式会社 はる書房

〒101-0065 東京都千代田区西神田 1-3-14 根木ビル

TEL・03-3293-8549 FAX・03-3293-8558

振替・00110-6-33327

組版/BIG MAMA, 印刷・製本/中央精版

カバーデザイン/ジオングラフィック

ISBN4-89984-006-3 C0036